한국 전자산업의 마케팅 발전 과정

본 연구총서는
서울대학교 발전기금 연구비 및
서울대학교 경영연구소 연구비 지원에 의하여 이루어졌음.

서울대학교 경영연구소 기업경영사 연구총서 20

한국 전자산업의 마케팅 발전 과정

임종원 · 이한석 · 송상연

서울대학교출판부

Development of Marketing in Korean Electronics Industry

Jong-Won Lim · Han-Suk Lee · Sang-Yeon Song

Seoul National University Press

머리말

전자산업은 우리나라의 핵심적인 성장동력산업으로 현재까지 지속적으로 발전해 오고 있다. 지식집약적이며 기술혁신에 의해 신제품의 개발과 신수요의 창출이 이루어진다는 특성을 지닌 전자산업은 한 나라에 국한된 것이 아니라 글로벌 마켓으로 확산되는 경향을 보인다. 우리나라 전자산업의 경우 초창기에는 여러 업체가 난립하였으나 현재는 과점의 모습을 보이고 있으며, 기업이 고객을 주도하는 형태에서 새로운 유형의 소비자가 기업의 제품개발 과정에 기여하는 형태로 변화하고 있다. 따라서 이러한 전자산업에서 핵심 성공 요인(key success factor)을 찾아내 그 변화 과정을 창조적으로 이끄는 것은 글로벌 리더로서 지속적인 발전을 하는 데에 가장 중요한 요소로 작용할 것이다.

지금까지 전자산업은 끊임없는 제품개발을 통해 변화를 추구하는 형태로 발전해 왔다. 또한 제품 내의 변화와 더불어 제품 간에도 수많은 융합화와 차별화 전략이 추구되는데, 특히 차세대 제품들의 융합은 소비자들의 변화하는 요구에 맞추어 다양한 형태로 시도되고 있다. 이러한 제품 내외적 변화와 더불어 국내 소비자들 또한 급격한 변화의 시기를 맞고 있는데 전자산업의 마케팅에서는 과거의 일방적인 기업주도의 기술 개발과 적용, 그리고 고객 수용을 넘어 새로운 고객과의 끊임없는 상호작용을 통한 마케팅이 요구되고 있다. 그중에서도 디지털 제품은 기업 혼자서 만드는 것이 아니라 고객을 신상품의 연구 및 개발에 참여시키는 프로슈머(prosumer) 형태로 일반화되고 있다.

기술 간의 결합과 소비자와의 융합을 통해 탄생한 퓨전 상품은 디지털 시대로의 전환에 따른 자연스러운 현상이며 우리가 직면한 디지털 시대는 이 같은 퓨전 인프라를 필요로 하고 있다. 그렇다면 새로운 세대를 이끌어가는 데 있어 만일 우리가 공들여 만든 시험무대(test bed)를 놓친다면 과연 어떻게 미래를 이끌어갈 수 있겠는가? 소비자의 성향이 3개월마다 변화하고 이에 따라 제품도 변화를 거듭하며 2등 기업들이 사라지고 있는 상황에서 컨버전스 제품들이 시장에 뿌리를 내리지 못하고 사라지는 경우가 많다. 이런 측면에서도 인프라를 갖추기 위해 기업환경은 어떻게 변화해야 하는가에 대한 연구가 필요한 실정이다. 따라서 산 · 학 · 관 삼자의 일치 연구, 즉 학계에서의 기술개발, 업계의 상업화, 관계기관에서의 마케팅 인프라 구축이 충실히 실행되어야만 비로소 우리가 진정한 글로벌 리더십을 행사할 수 있을 것이다.

제I장 서론에서는 연구의 목적과 의의, 연구의 방법을 점검한다. 제II장에서는 전자제품을 IT 제품, 백색가전, AV 제품으로 나누어 대표 가전제품들의 변천 과정을 살피고, 이를 통해 전자산업의 발전과 더불어 어떤 제품이 추가되고 어떤 제품이 사라졌는가를 되돌아봄으로써 향후 제품 · 시장 · 기술개발의 방향을 모색한다. 제III장에서는 디지털 시대의 가전 유통 변화를 검토하고 유통망의 변화와 함께 유통망 관리 전략을 살펴본다. 그리고 제IV장에서는 새로운 소비자의 등장과 이들의 역할에 대해 살펴보고, 제V장에서는 전자제품산업에서 마케팅의 전략적 변화, 전자산업을 둘러싼 인프라의 변화와 발전 방향에 대해서도 탐구해 보고자 한다.

이 책을 읽음으로써 지난 수십 년간 지속적으로 경쟁우위를 확보하기 위한 국내 전자산업의 노력을 확인하고 글로벌 환경 속에서 새로운 변화를 기업과 소비자가 열린 마음으로 맞이할 수 있는 기회가 되었으면 한다. 처음 이 책을 준비한 것이 2005년이었고 이후 여러 사정이 겹치면서 출간이 미루어지게 되었다. 그동안 전자제품의 변화에 대해 최대한 반영하려고 노력했지만 최근 전자제품 시장이 급속히 변화하면서 향후 어떠한 방향으로 변화할 것인가에 대한 부분은 추측하는 측면에서 그친 데에 아쉬움이 있다. 따라서 이후 기회가 된다면 독자 여러분들의 지도를 받아 보완하고자 하는 바람이다. 끝으로 이 책을 출간하는 데 도움을 준 이정훈, 이희정, 이윤재, 김송미 연구실 조교에게 고마움을 전한다.

2008년 7월

대표저자 임종원

차 례

제Ⅲ장 디지털 시대의 가전 유통

제Ⅳ장 소비자 시장의 변화

제Ⅴ장 시장 변화에 따른 마케팅의 변화

표차례

그림차례

제 I 장

서론

1 연구의 목적

현대의 기업들은 고객에게 제품을 판매하고 서비스를 제공하는 데 있어서 기술을 점점 더 사용하고 있고 이러한 기술이 투영된 제품은 빠른 속도로 퍼져 나가고 있다. 이와 함께 고객의 입장에서도 기술을 접하는 경우가 점차 늘고 있으며 이를 이용하는 것이 점점 더 까다로워지고 있다. 또한 기업의 경우도 기술혁신을 통해서 지속적으로 신제품을 개발함으로써 치열해지는 시장 상황에서 생존해 나가고 있다. 특히 이 중에서도 소비자에게 놀라운 감정을 유발시키는 요소를 갖고 있는 제품을 환상적 제품 또는 WOW 제품이라고 하는데, 이를 통해 소비자들에게 가장 친근하게 다가서며 한국 기업사에 크나큰 영향을 미치고 있는 산업이 바로 전자산업이다. 한국의 전자산업은 2000년대를 맞아 전 세계로 시장을 확대해 나가고 있다. 특히 가전산업의 경우 한국 전자산업을 이끌어 가는 중추 산업으로서 존재해 왔을 뿐만 아니라 변화하는 고객의 욕구에 맞추어 각 제품들이 진화를 거듭했으며 마케팅의 역할에도 많은 영향을 주었다. 따라서 본 연구에서는 다음과 같은 목적을 가지고 과거의 성과를 평가하는 동시에 미래 발전에 대한 시사점을 찾고자 한다.

첫째, 기존 문헌들을 참고하여 가전산업에서 각 제품의 제품 주기(product cycle)와 차세대 제품의 개발 과정에 대해 조사해 보고자 한다.

둘째, 각 제품별로 시대별 환경의 변화는 어떠했으며 그 변화에 어떻게 적응해 왔는지를 살펴보고자 한다.

셋째, 시장 변화에 따라 이를 효과적으로 관리할 수 있는 제품, 유통, 촉진, 가격의 마케팅 전략 또한 시장에 따라 적절히 변화해 왔음을 인식하고 마케팅 전략은 어떠한 양상을 띠고 있었는지를 확인해 보고자 한다.

넷째, 고객과 기업의 상호작용이 시대에 따라 어떻게 변화해 왔는지를 통해서 고객과 기업 관계의 변화 양상에 대해 연구해 보고자 한다.

다섯째, 특히 소비자 생활과 밀접한 가전산업을 중심으로 한국 전자산업의 시대에 따른 제품의 변화 형태에 대해 연구해 보고자 한다.

2 연구의 의의

이번 연구를 통해 다음과 같은 기대 효과를 얻을 수 있다.

첫째, 시장조사를 통해 시장의 환경 변화를 관찰한 후 미래를 예측할 수 있다. 전자산업의 크나큰 발전은 기술의 발전 속도와 함께 소비자의 수용 속도 또한 가속화시키고 있다. 기술의 발전과 함께 이러한 기술이 투영된 신기술 제품은 과거 어느 때보다 빨리 고객들에게 확산되고 있다. 예를 들어, 자동차의 경우 미국 전체 인구의 25%가 소유하는 데 55년이 소요된 반면 휴대폰의 경우는 13년밖에 걸리지 않았다. 그러나 고객으로의 제품 확산 속도가 빨라짐과 동시에 미래에 대한 불확실성 또한 커지고 있다. 따라서 이번 연구를 통해 과거의 환경 변화를 토대로 다가올 미래의 모습에 대해 예측해 볼 수 있을 것이다.

둘째, 시장 및 수요의 변화 예측을 기반으로 향후 가전제품의 효과적 관리를 꾀할 수 있을 것이다. 시장에서의 수요 변화를 바탕으로 수요가 증가 또는 감소했을 때를 예상하여 제품, 예산 등에 대한 관리를 비롯하여 기업 관리를 보다 효과적으로 할 수 있을 것이다.

셋째, 고객의 니즈(needs)와 원츠(wants)의 변화를 추적하고 이를 기반으로 새로운 시장 기회를 발굴할 수 있을 것이다. 고객의 요구는 시대에 따라 변화해 왔다. 예를 들어, 휴대폰의 경우 초기에는 통화 품질에 대한 고객의 요구가 중요시되다가 최근에는 기본 기능 이외에 카메라, 동영상 기능 등이 중요시되는 등 고객의 요구가 끊임없이 변화하고 있다. 따라서 이러한 고객 욕구의 변화 흐름을 신속히 파악하여 다가올 새로운 시장을 준비할 때 이를 선도해 나갈 수 있을 것이다.

넷째, 수요 및 전략에 관한 문헌조사를 통해 연간 제품별 비교 및 추세를 확인할 수 있으며 이를 통해 미래 전략을 도출할 수 있을 것이다. 전자산업 중에서도 특히 가전제품의 경우는 성숙기에 도달한 제품이 대부분이다. 이러한 경우 현재의 제품을 교체 주기가 된 소비자들에게만 판매하는 것이 아니라 과거의 전략 및 수요의 변화를 바탕으로 또 다른 혁신을 통해서 효율적인 전략을 마련할 수 있을 것이다.

3 연구의 방법

본 연구는 한국 전자산업의 마케팅 발전 과정에 관한 연구를 주제로 하여 대표적인 전자산업인 가전산업에서 제품 · 고객 · 마케팅이 어떻게 변화해 왔는가를 확인해 보는 데 그 의의가 있다. 이와 관련하여 국내외 문헌을 조사하고 공동포럼을 실시하였다.

1) 문헌조사

문헌조사는 ① 국내외 문헌자료와 시장조사 결과의 리뷰 등을 통해 국내 가전 시장 적용에의 시사점 발견, ② 국내 가전산업의 체계 정립, ③ 고객의 반응에 관한 연구, ④ 제품별 기본 데이터 수집, ⑤ 수집된 데이터의 분석 등과 같은 목적 아래 국내외의 다양한 채널을 통해 입수한 방대한 자료를 정리 · 조사하였다.

2) 공동포럼

포럼은 재계와 학계의 자유로운 정보교환을 통해 전문가들 간의 토론의 장이 되도록 하였다. 향후 한국 전자산업의 나아갈 방향에 대해 심도 있는 토론이 될 수 있도록 ① 학계의 이론적 지식과 기업의 실무적 지식의 결합을 통해 연구 성과를 배가시키고, ② 정기적 개최를 통해 연구 성과에 대한 방향과 연구 결과에 대한 공감대를 형성하고 공유하기 위한 목적으로 포럼을 실시하였다.

제 II 장

가전제품의 변천 과정

1 IT 제품

1) 휴대폰

(1) 휴대폰 산업의 역사와 시장 변화

우리나라에 휴대폰이 들어온 것은 1984년으로, 모토로라 제품이 가장 먼저 도입되었다. 당시의 휴대폰은 흔히 생각하는 무전기와 같은 제품으로, 무게도 1.3kg이나 되었으며 10시간을 충전해도 30분밖에 쓰지 못했다. 1995년까지 휴대폰 보급률은 3.6%에 그쳤으나 2년 후인 1997년 휴대폰 보급률은 1995년보다 무려 4배 이상 성장한 14.8%에 이르게 된다. 특히 1997년 PCS 사업의 시작과 함께 휴대폰 보급률은 급속도로 증가하기 시작했는데, 1999년에는 휴대폰 가입자 수가 2,300만 명에 달하면서 유선전화 가입자 수인 2,100만 명을 넘어서게 되었다. 2000년대에 들어 2004년에 3,000만

명, 2008년 7월 현재 4,505만 명에 이르는 것으로 조사된 반면 유선전화 가입자 수는 2,296만 명에 그치는 것으로 나타났다. 무선통신 시장의 급속한 성장은 휴대폰에 대해 과시 욕구 또는 타인과의 차별화라는 기존의 개념을 넘어서서 생활필수품이라는 개념이 자리잡으면서 가능했다. 초기에 이동통신 단말기는 모토로라 중심의 외산 위주였지만 이후 삼성전자가 '한국 지형에 강한 휴대폰'이라는 점을 부각시키며 국산 '애니콜'을 판매하기 시작하면서 1997년 이후에는 삼성전자의 '애니콜'과 LG전자의 '싸이언'이 내수 시장을 평정하였다. 이와 함께 이동통신 단말기 시장은 국제적으로도 확장되어 이제 국산 휴대폰은 해외에서도 그 우수성을 입증받고 있다. 특히 삼성전자는 2008년 2분기 세계 이동통신 단말기 시장 점유율 15.4%로 노키아에 이어서 세계 시장에서 2위를 유지하였다. 뿐만 아니라 가장 큰 해외 시장으로 떠오르고 있는 중국으로의 휴대폰 수출 강화를 통해서 시장의 확대를 꾀하고 있다. LG전자도 2008년 2분기에 세계 이동통신 단말기 시장 점유율이 8.6%에서 9.3%로 상승해 3분기에는 9.5%를 차지한 모토로라를 제칠 것이 유력시되고 있다.

기존의 제품, 특히 퍼스널 제품 중에서 휴대폰과 같이 이토록 단기간에 전국적으로 보급된 경우는 유래를 찾아볼 수 없을 정도이다. 물론 이동통신 단말기 산업 자체의 매력이 가장 큰 이유였겠지만 그 외에도 기업과 소비자, 정부기관, 기타 여러 가지 환경요인 등이 시기 적절하게 반응하여 시장을 확대할 수 있는 상황을 이끌었다. 즉 소비자들은 휴대폰에 대해서 끊임없이 다양한 욕구를 갖고 있었고 정부의 정책도 이동통신 서비스의 확대를 강조했던 것이다. 또한 기업들도 업그레이드된 제품을 지속적으로 출시하면서 소비자들의 니즈(needs)를 찾아내고 이를 제품에 구현했다.

휴대폰은 초기에 통화품질에 대한 우수성을 통해 고객들에게 소구하고자 했다. 단말기 자체의 통화품질에 대한 경쟁은 외산과의 경쟁 이외에도 셀룰러(cellular) 사업자와 PCS 사업자 간의 경쟁이 뒤따랐다.[1)]

---

1) 1997년 당시 PCS 사업자가 등장했을 때 대부분의 연구소들은 셀룰러 대 PCS의 휴대폰 시장 점유율이 4 : 6 정도가 될 것이라고 예측한 데 반해 서울대학교 경영연구소는 6 : 4의 시

단말기와 관련된 소비자의 경향은 모양의 경우 플립형에서 폴더형으로, 크기 면에서는 더 작고 가벼운 쪽으로 변화하고 있다. 이후 단말기 화면이 작다는 의견이 늘면서 단말기 화면을 크게 활용하는 방향으로 변화가 일어나다가 최근에는 이에 더하여 부가 기능들이 강조된 컬러폰, 화음폰, 카메라폰, 캠코더폰, DMB폰, 터치스크린폰 등을 통해서 소비자들의 새로운 니즈를 충족시키면서 또 다른 소구점을 찾으려 하고 있다. 이러한 휴대폰의 제품 및 소구점 변화에 대해서는 뒤에서 좀 더 자세히 알아보기로 하겠다.

〈표 Ⅱ-1〉에서 확인할 수 있듯이 휴대폰은 초기 도입기인 1984년, 주력 제품의 경우 모토로라 제품을 중심으로 외산이 국내 시장의 대부분을 차지하고 있었다. 그러나 1992년에 국산 단말기가 등장하기 시작했고, 1996년 4월에는 국산 제품의 시장 점유율이 외산을 앞질렀다. 당시 휴대폰은 주로 통화품질에 대해 소구하고 있었으며 카폰과 경쟁관계에 있었다.

휴대폰 시장은 1997년부터 국내 업체가 내수 시장을 장악하기 시작했으며 1997년 10월에는 기존의 셀룰러 방식 외에 PCS 방식이 등장하였다. 또한 이때에 바형 · 플립형과 차별화되는 폴더형 단말기도 등장하게 된다. PCS 서비스의 도입과 더불어 단말기의 기능은 단순 통화 기능에서 한발 더 나아가 한글 단문 메시지를 보낼 수 있도록 발전하였다. 이후 휴대폰은 가볍고 작은 것이 최고라는 인식 아래 이른바 '경박단소(輕薄短小)' 전쟁이 시작되었고, 이와 함께 듀얼폴더가 등장했으며 기존의 폴더형에서 탈피하려는 경쟁도 시작되었다. 이러한 휴대폰 크기와 관련한 경쟁은 이후 휴대폰의 컬러 및 화음과 관련된 경쟁으로 옮겨졌으며, 새로운 디자인과 기능이 중요하게 부각되면서 휴대폰의 통화 기능에서 더 나아가 카메라, 동영상, DMB 기능 등이 중요한 요소로서 부각되었다.

2002년 서울대학교 경영연구소의 조사에 따르면 성숙기 휴대폰 시장의 경우 브랜드 파워가 구매결정력으로 가장 크게 작용하는 것으로 나타났다.[2)]

장 점유율을 주장하였다. 최근 가입자를 비교해 보면 서울대학교 경영연구소의 예상이 맞았음을 확인할 수 있다.

2) 즉 브랜드 자산 관련 요인(회사 명성, 광고 호감)을 통해 구매를 결정한 고객의 제품만족도

〈표 Ⅱ-1〉 이동통신 단말기의 변천과 기술의 진보

구분	주력 제품	주요 기능	기술 진보
도입기 (1984-) 1996)	-초기 외산(모토로라 마이크로텍 시리즈 등) 강세 -국산 단말기(삼성, 금성 등) 등장(1992) -국내사(삼성) m/s가 해외사 추월(1994. 4)	-통화 중심 기능 -카폰과의 경쟁을 위한 핸즈프리 기능 탑재 -페이저 기능을 포함한 듀얼모드 단말기 유행(1995) -CDMA 서비스 도입에 따른 디지털 듀얼모드폰	-단말기의 계속적인 경량화로 100g대 진입(1994) -배터리 성능 향상(니켈 수소 배터리 도입) -아날로그 시대의 종언과 CDMA 서비스 도입(1996)
성장기 (1997- 1998)	-국내 업체의 내수 시장 장악 -삼성, LG의 디지털 제품 중심 재편 -PCS 방식 단말기 등장(1997. 10) -바형 · 플립형 외에 폴더형 단말기 등장	-부가 기능으로의 확장 -한글 단문 메시지(SMS) -EVRC 도입을 통한 통화 품질의 향상 -79g급 단말기 등장으로 경량화 경쟁 한계 및 폴더형 등장	-PCS 서비스 도입 -EVRC 형식을 통한 품질 향상 -음성인식 기능 및 단말 메뉴의 한글화
성숙기 (1999- 2002)	-폴더형 제품 약진, 주력 제품화 -SK텔레텍, SKY 단말기로 참여 -슬라이딩 방식 도입 -액정 컬러화 -화음 다 poly화 -듀얼폴더 제품	-강화된 인터넷 접속 기능(ME, WAP 브라우저 내장) -복합기능형 단말기 등장(카메라폰, 자바폰, GPS폰, MP3폰 등) -PIMS 기능 강화	-MSM3000칩 개발(1999) 64Kbps 통신 구현 -CDMA 1X 도입(2000) 144Kbps 통신 구현 -CDMA2000 EV\DO -적외선 통신 도입
재도약기 (2003-)	-IMT-2000 서비스 대응 모델 출시 -컬러폰 및 카메라가 기본 장착된 제품 -다양한 형태의 단말기(듀얼폴더와 슬라이더 방식 PDA폰 등)	-최대 2Mbps급 이상의 초고속 인터넷 통신 -송수신부 탈부착이 가능한 블루투스폰 -PDA급의 개인정보 관리 기능 내장 -L-Commerce -텔레메틱스 등 기능 확대	-CDMA2000 EV\DV -3세대 통신(2003) IMT2000 도입 -4세대 통신(2010?) -무선랜(802.11b)이 가능한 듀얼모드 칩 내장 -블루투스 도입

이는 다양한 모델의 변화와 신제품의 빈번한 출시로 인해 고객들이 제품 자체에 대한 선호보다는 브랜드를 주요 구매 결정 요인으로 고려하고 있음을 보여 준다. 이러한 추세는 최근에도 계속되어 LG전자와 명품 브랜드인 이탈리아의 프라다가 제휴하여 '프라다폰'을 출시했으며, 삼성전자도 '아르마니'

가 가장 높았다.

〈그림 Ⅱ-1〉 이동통신 단말기 시장 단계에 따른 경쟁 축의 변화

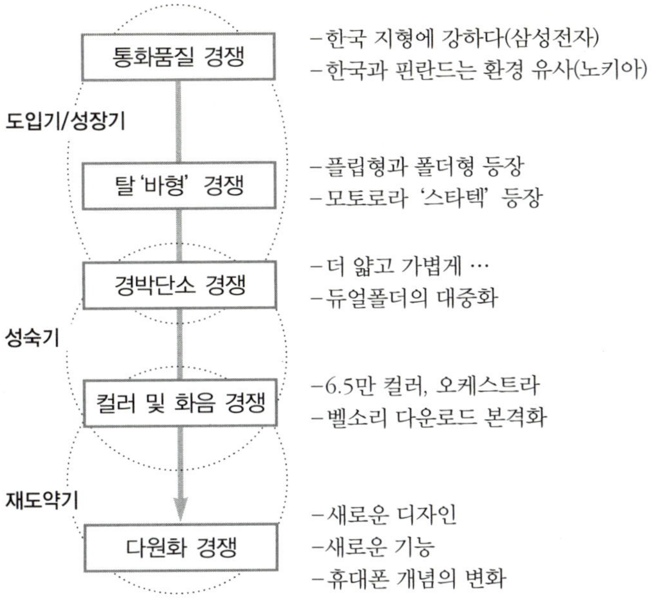

폰을 출시하여 제조사 브랜드 및 휴대폰에 대한 고급폰 이미지를 선도하고 있다.

다른 한편으로는 소비자의 니즈가 급격히 변화하는 휴대폰의 기능에 맞추어서 다원화되고 있다는 점을 주목해서 볼 필요가 있다. 디지털카메라나 MP3 플레이어 같은 다른 전자제품의 기능을 휴대폰에서 구현하는가 하면, TV 시청과 같은 지상파 DMB 기능이 휴대폰에 도입되었고, 네비게이션 기능이 내장된 휴대폰도 등장하였다. 해외에서는 이미 소니에릭슨이 뮤직폰인 '워크맨폰'을 출시하여 큰 성공을 거두었고 LG전자도 500만 화소의 카메라폰인 '뷰티폰'을 출시하였다. 그러나 이러한 다원화에도 원칙은 존재한다. 국내에서 디지털카메라와 MP3 플레이어 기능 둘 다 소위 '컨버전스(convergence)'라는 형태로 시도되었지만 카메라 기능의 경우 500만 화소에 손떨림 방지 기능이 추가된 휴대폰이 등장한 반면 뮤직폰 기능은 그렇지 못하다. 이는 컨버전스가 성공하기 위해서는 기존 대체재와 비교하여 차별적 가치가 제공되어야 한다는 데 기인한다. 즉 '커뮤니케이션'이라는 휴대폰의 기본 기능과 카메라

〈그림 Ⅱ-2〉 제품 선택 이유별 만족도(2002)

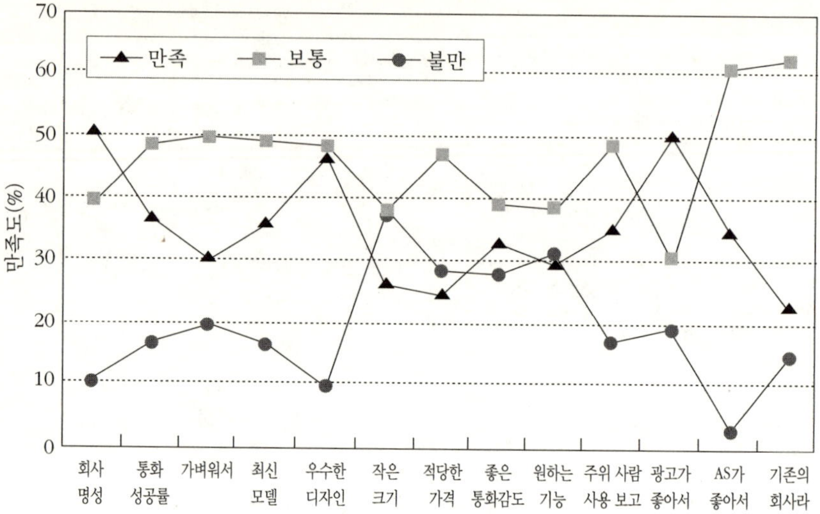

기능은 적절하게 조화를 이루는 동시에 디지털카메라와는 또 다른 부가가치를 제공할 수 있었으나(예를 들어, 이미지의 무선전송 기능 등) MP3 플레이어 기능은 그렇지 못했고 결과적으로 현명한 소비자들은 뮤직 기능에 차별적 가치를 부여하지 않았다. 제품의 기능을 특화시키는 이러한 형태는 기존의 브랜드에 대한 선호도뿐만 아니라 제품 자체에 대한 소비자의 선호도를 나타내고 있으며, 소비자들에게는 다양한 선택의 기회를 제공한다는 점에서 긍정적인 것으로 생각할 수 있다.

(2) 보조금과 휴대폰 시장의 성장

18개월 이상을 동일 사업자에 가입하고 있는 이동전화 이용자에 한해 단말기 보조금을 지급하는 전기통신사업법 시행이 2008년 3월로 끝나게 되었다. 이 같은 단말기 보조금 규제 폐지는 소비자들이 좋은 제품을 싸게 구매할 수 있다는 장점만 있는 것일까? 만약 그렇다면 왜 정부는 그동안 보조금 지급을 허용하지 않으려고 했던 것일까? 그리고 보조금 지급에 대해서는 왜 강력한 규제정책을 펴지 못했을까? 지금부터는 단말기 보조금과 관련하여 국내 이동통신 시장의 현황을 살펴본 후 앞으로 어떤 정책이 필요한지에 대해 알아보기로 하겠다.

우리나라 휴대폰 시장의 성장에 있어서 보조금은 가입자를 늘리고 시장을 확장하는 데 지대한 역할을 해 왔다. 1996년을 전후로 시작된 단말기 보조금 지급은 1997년 10월 PCS 사업자가 기존의 셀룰러 시장의 새로운 경쟁자로 나타나면서 더욱 활발해졌는데, 이는 보조금 지급이 당시의 상황과 여러모로 잘 맞아떨어졌기 때문이었다. 우선 이동통신 사업자들의 경우 경쟁이 점차 심화됨에 따라 자사 가입자를 더 많이 확보하기 위해 단말기 보조금 지급을 계속 확대하였다. 그런데 다행히도 이로 인한 재정적인 부담은 가입고객이 폭발적으로 늘어남에 따라 완화될 수 있었다. 따라서 만일 휴대폰 가입자가 지금처럼 폭발적으로 늘어나지 않았다면 보조금 지급은 이동통신 사업자들에게 상당한 부담과 위험을 안겨주었을 것이다.

그런데 보조금 지급을 단순히 휴대폰 가입자 수를 확대하기 위한 수단으로만 정의하기에는 보조금이 갖고 있는 의미가 상대적으로 크다고 할 수 있다. 앞서 이야기했듯이 보조금 지급을 통해 가입자 수가 폭발적으로 증가함에 따라 휴대폰 사용량이 증가했는데, 이는 기존의 단순한 소유 시장을 통한 휴대폰 구매로부터 사용자 시장을 통한 휴대폰의 확산이라는 의미가 있다. 예를 들어 50만 원짜리 휴대폰이 있다고 하자. 기존의 소유 시장이었다면, 즉 보조금이 없는 상황이었다면 50만 원을 모두 지불해야만 단말기를 가질 수 있고, 이는 앞으로 내가 얼마나 휴대폰을 사용하는가와 관련 없이 나의 소유가 된 것을 의미한다. 그러나 보조금을 20만 원 지급했다고 한다면 고객들은 30만 원에 휴대폰을 가질 수 있고 나머지 20만 원은 휴대폰을 이용하는 사람들의 부담이 된다. 즉 휴대폰을 많이 사용하는 사람일수록 더 많은 요금을 지불할 것이고 이는 바로 휴대폰을 많이 사용하는 사람들이 더 많은 보조금을 부담한다는 것을 의미한다.

정부는 2005년 전기통신사업법의 개정을 통해 보조금을 지급한 통신업체의 경우 최고 5,000만 원의 벌금형에 처하도록 조치했다. 이 같은 보조금 관련 규제를 강화한 이유에 대해 정부는 휴대폰의 잦은 교체에 따른 자원 낭비와 업체 간의 과열경쟁 등의 문제를 해결하기 위함이었다고 주장하고 있다. 그렇다면 정부는 그 이전에는 보조금의 지급에 대해 어떠한 입장을 견지해 왔을까?

사실 단말기 보조금에 대한 규제는 1999년 이후 지속적으로 존재해 왔다. 특히 2000년에는 보조금에 대한 규제 강화와 함께 휴대폰 1대당 15만 원의 보조금 상한선을 규정하여 당시 휴대폰의 판매가 월 40여만 대 수준을 최정점으로 감소하기도 했다. 정부가 내세운 이유는 외화 낭비가 심각하다는 것이었는데, 당시에 배터리는 전량 수입에 의존하고 있었으며 핵심 칩 부분도 70%가량을 수입해서 사용했기 때문에 외환위기를 겪은 정부로서는 외화 낭비를 줄이는 것이 무엇보다 시급했기 때문이었다. 상황이 이렇게 되자 이동통신 사업자뿐만 아니라 단말기 제조업체도 큰 타격을 받게 되었다. 그러자 단말기 제조업체들은 편법으로 자체적으로 보조금을 지급하여 단말기의 가격을 낮춤으로써 고객들을 끌어들이고자 했다. 즉 기업들은 정부의 규제에 어긋나지 않는 범위 내에서 난국을 타개하려 했던 것이다.

보조금은 고객에게 휴대폰의 구매를 촉진하는 가장 큰 요인이다. 고객의 입장에서 휴대폰 사용량이 많을수록 더 많은 보조금을 지급받을 수 있으며, 기업의 입장에서도 보조금을 통한 단말기 판매 촉진으로 단말기 가격이 하락함과 동시에 전반적으로 상품의 회전이 빨라져서 신제품 출시를 조절할 수 있다는 이점이 있다. 다만 정부 차원에서 자원의 낭비나 업체 간의 경쟁 과열 등으로 인해 보조금에 대한 규제를 하고자 했던 것이다.

2006년 3월 단말기 보조금 지급이 합법화되면서 이동통신사 간 경쟁이 극심해졌다. 시장 점유율 1위인 SK텔레콤의 경우 2006년 2분기 벌어들인 돈의 5분의 1 정도를 마케팅에 쏟아 부었고, 이로 인해 영업이익이 전기 대비 7.3%나 급감했다. 보조금 외에는 마땅한 가입자 확보책을 찾지 못했던 KTF나 LG텔레콤도 사정은 마찬가지였다. 양사 모두 영업이익과 당기순익이 급감했고 더 이상의 보조금 경쟁은 무의미하다는 자성론이 대두되었다.

국내 이동통신 시장의 경우 유럽 등 외국에 비해 단말기 보조금이 훨씬 더 중요한 역할을 하는 시장 구조를 가지고 있다. 이는 휴대폰 유통을 이동통신사가 장악하여 휴대폰 판매와 서비스 가입이 동시에 이루어졌기 때문이다. 따라서 서비스 가입을 위해서는 사업자 스스로가 휴대폰을 저렴하게 공급하는 것이 필수적이다. 또한 우리나라의 경우 휴대폰이 30만 원 이상의 고가품 위주여서 보조금에 대한 니즈가 클 수밖에 없는 상황에서 최근 사업자들 간의 경쟁은 보조금의 중요성을 더욱 증폭시키고 있다. 이는 이동통신 3사 모두 보조금을 가입자 증대의 수단으로 활용하고 있기 때문이며, 이런 의미에서 보조금은 앞으로도 매력적인 마케팅 수단으로 활용될 전망이다. 따라서 보조금 규제 폐지 이후의 시장 과열을 예방하기 위해 이용약관을 통한 단말기 보조금 규제의 지속 여부, 의무약정제 도입 등의 다양한 정책 이슈들이 논의되고 있다.

(3) 적과의 동침 그리고 동상이몽

초기 이동통신 사업자는 SK텔레콤뿐이었으나 시장의 확대와 함께 017 신세기통신이 설립되고 이후 PCS의 도입으로 한솔정보통신, Korea Telecom, LG텔레콤 등의 PCS 사업자가 등장했다가 시장의 변화를 겪으면서 현재는 SK텔레콤과 KTF, 그리고 LG텔레콤 등 세 회사가 남아 있는 상태이다. 한편 단말기 제조업체의 경우는 현재 삼성전자와 LG전자가 가장 높은 점유율을 차지하고 있으며, 이 외에도 팬텍앤큐리텔, 모토로라 등이 있다. 휴대폰이 단기간에 높은 보급률을 나타내는 데는 이동통신 사업자들과 단말기 제조업체 사이의 긴밀한 유대관계가 상당히 긍정적인 역할을 해 왔다고 볼 수 있는데, 이동통신사와 단말기 제조업체 관계의 변천 과정을 살펴보면 다음과 같다.

① 1단계: 이동통신 서비스업체와 단말기 제조업체 간의 판매 종속관계

초기에 이동통신 사업자들은 경쟁이 치열하게 전개됨에 따라서 자사의 가입자 수를 늘리기 위해 단말기에 대한 보조금을 단말기 제조회사에 지급하였다. 단말기 제조업체는 보조금을 받음으로써 제품의 판매 증가와 함께 생산의 증가를 통해 단말기 제조 원가의 하락이 가능했다. 뿐만 아니라 실질적인 단말기 판매에서도 이동통신 서비스업체들이 자사의 대리점을 통해 판매함으로써 유통 과정에서 물류비용을 절약하는 한편 단말기 판매에 대한 부담 또한 줄일 수 있었다. 따라서 단말기 생산업체들은 제품의 생산 이외에 유통 과정의 많은 부분을 이동통신 서비스 사업자들에게 의존하게 됨으로써 단말기 판매가 이동통신회사에 종속되는 관계를 형성했다.

② 2단계: 이동통신 서비스업체와 단말기 제조업체의 공조관계

단말기에 대한 수요가 급속히 늘어남에 따라서 이동통신회사를 통한 제품의 판매와 함께 단말기 제조회사 입장에서는 자신들이 보유하고 있는 기존의 유통망을 조금씩 활용하고자 했다. 뿐만 아니라 단말기의 무분별한 공급으로 인해 자원이 낭비된다는 인식이 확대됨에 따라서 정부는 단말기 보조금 지급을 강력히 규제하기에 이르렀다. 이러한 통신사업의 규제 강화로 인해 수만 원에 구매할 수 있었던 단말기를 수십만 원을 지불해야만 구매할 수 있는 상황이 되었다. 이러한 갑작스러운 변화로 인해 휴대폰 신규가입과 대체수요가 줄어들어 휴대폰 교체 주기가 길어지게 되었다.

기존의 단말기 제조업체들은 대부분 유통 과정 이후의 판매를 이동통신 서비스업체에 위임했었는데, 단말기 보조금 규제와 같은 상황을 겪으면서 이동통신 서비스업체와의 관계에서 더 이상 강자와 약자의 관계가 아니라 자사의 유통망을 이용하게 하는 등 단말기의 보급 및 판매에서 이동통신 서비스업체들과의 공조를 꾀하게 되었다. 구체적으로 단말기 제조회사에서 만드는 PCS 전용 단말기, 셀룰러 전용 단말기 및 각 통신사별 이용 가능한 단말기의 제조 순서를 상이하게 하거나 새로운 휴대폰 모델의 출시를 적절히 조절하면서 기존의 이동통신 서비스업체와 종속관계가 아닌 공조관계를 유지하였다.

서비스업체의 영향력 감소와 더불어 보조금 지급 금지에도 불구하고 고객들로 하여금 이동통신 단말기를 새로 구입하고자 하는 욕구를 지속적으로 유지 · 증진시킬 수 있었던 것은 끊임없이 단말기의 성능 향상을 꾀한 단말기 제조업체의 노력 때문이었다. 이러한 단말기의 신규구입에 일조를 한 것

〈그림 Ⅱ-3〉 이동통신 서비스업체와 단말기 제조업체의 관계 변화

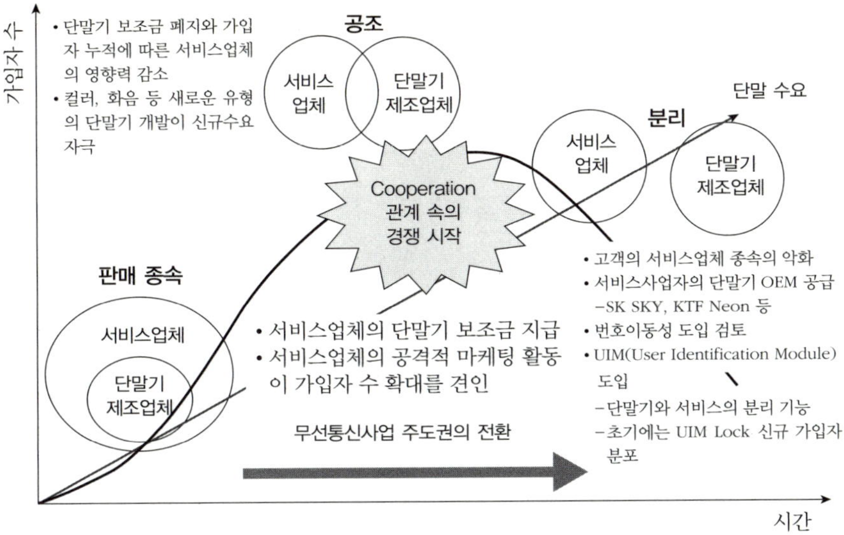

은 화음폰, 컬러폰, 카메라폰 등의 출현이었다. 성숙기로 접어든 이동통신 단말기 시장에서는 신규가입보다는 대체수요가 더욱 증가하는데, 이때 소비자들의 대체수요를 이끌어내는 데 견인차 역할을 한 것이 바로 부가 기능이 강조된 휴대폰이었다. 앞서 언급했듯이 보조금에 대한 규제와 함께 부가 기능이 우수한 휴대폰이 등장하면서 이동통신 사업자와 단말기 제조회사는 상호 경쟁하면서 돕는 공조체제를 구축하였다. 이와 함께 이동통신회사들도 OEM 방식을 통해서 단말기를 직접 제조 · 판매하기 시작하였다. SK텔레콤의 SKY(현재는 매각), KTF의 EVER 등이 이러한 제품이었는데 기존 단말기 제조업체와의 다툼을 방지하기 위해 공급 수량을 적절히 조절하였다.

③ 3단계: 이동통신 서비스업체와 단말기 제조업체의 분리관계

2000년 이후 이동통신 시장이 성숙기에 들어섬에 따라 이동통신업체는 대부분의 소비자들을 확보하게 된다. 따라서 가입경쟁이 예전보다 심하지 않게 된 만큼 이동통신 서비스업체들은 가입자 확보를 통한 통화료 수입에

의존하던 기존의 수익 구조를 개선하기 위해 다양한 콘텐츠의 보급 및 사용에 심혈을 기울였다. 왜냐하면 이동통신 서비스업자의 입장에서는 단말기에 대한 수요를 촉진시킬 만한 특별한 이유가 없었기 때문이다. 또한 이동통신 서비스업체들은 자체 OEM 방식을 통해 단말기를 판매하면서 기존의 단말기 제조업체들과도 경쟁을 하게 되었다. 한편 단말기 제조업체의 경우 제품의 개선을 통해 수요를 주도적으로 이끌어내는 한편 자체 유통망을 이용하여 제품의 판매를 꾀함으로써 더 나은 수익구조를 얻고자 노력했는데, 이로 인해 갈등이 빚어졌고 유통 과정에도 많은 변화가 일어나게 되었다.

삼성전자의 경우 지난 2003년 5월에는 직영대리점 등 자체 유통점을 통해 공급한 제품의 비율이 전체의 55%를 차지한 것으로 나타났다. 단말기 제조업체들의 경우 표면적으로는 휴대폰 시장의 활성화를 위한 유통점 확대를 내세우며 기존 서비스업체의 눈치를 보던 상황에서 적극적으로 유통망 구축에 나서는 경향을 보이고 있으며, 이동통신 서비스업체들은 단말기의 등록을 지연한다거나 할부판매를 제외하는 등 여러 수단을 통해 유통 모델 확대를 견제하는 동시에 자사의 단말기 판매 비중을 높이는 방식으로 대응하고 있다.

이와 함께 제2의 모바일 혁명이라고 불리는 USIM의 해제가 이후 제조업체와 이동통신 서비스업체의 관계에 큰 변화를 가져올 것으로 보인다. 여기서 USIM이란 범용가입자인증모듈(Universal Subscriber Identification Module)의 약자로서 USIM 잠금해제란 WCDMA 단말기의 경우 자신의 휴대폰의 고유한 잠금장치 칩을 떼어내어 다른 휴대폰에 넣기만 하면 자신의 휴대폰처럼 사용할 수 있는 것을 말한다. 기존 휴대폰의 경우 휴대폰 가입 인증과 다른 휴대폰으로의 변경은 통신사 대리점을 통해서만 가능했지만 앞으로는 소비자가 원할 때 USIM 카드를 다른 휴대폰에 꽂기만 하면 인증되는 형태로 바뀌게 되는 것이다. 이러한 USIM의 잠금해제는 휴대폰 유통업에 큰 변화를 가져올 것으로 보인다.

우선 휴대폰 시장의 일부분이 기존 통신사에 의한 사업자 통제로부터 자유로와져 휴대폰 제조업체나 유통업체가 주도하는 오픈 마켓의 형태로 변환되어 이동통신 대리점의 역할이 축소되거나 그 수가 감소할 것으로 예상된다. 이러한 변화는 최근 대형 유통업체인 하이마트의 광고 속에서도 찾아볼 수 있다. 또한 휴대폰 전문 판매점의 등장과 함께 인터넷을 통한 온라인 휴대폰 판매는 더욱 촉진될 것으로 보이는데 무엇보다 제조사의 영향력이 커질 것으로 보인다. 통신사의 인증 없이도 제조사가 휴대폰을 출시할 수 있게 되어 통신사가 요구하는 휴대폰이 아니라 소비자가 원하는 제품을 출시할 수 있어 소비자 지향적인 제품이 늘어날 것으로 보인다.

이러한 USIM의 잠금장치 해제는 제조사에게는 낭보일 수도 있으나 막상 실제로 시행이 되고 뚜껑을 열어 봤을 때 과연 소비자들의 선택이 어떠한 방향으로 나아갈지는 계속 지켜볼 일이다. 어찌되었든 간에 이동통신 서비스 업체들과 단말기 제조업체들 간의 갈등과 신경전은 앞으로도 더욱 심해질 전망이다.

(4) 휴대폰 진화의 끝: Digital Exciting Era

미래 IT 시대의 허브는 휴대폰이 된다고들 한다. 삼성전자의 경우 애니콜을 통해 1초당 무려 100Mbps급의 데이터를 전송할 수 있는 4세대 이동통신[3] 단말기의 개발에 박차를 가하고 있다. 이와 관련하여 좀 더 자세히 살펴보면 무선 데이터 송신의 경우 30Mbps 이상은 되어야 디지털 방송이 가능한데, 무선 분야의 경우 많은 사람이 사용해야 하기 때문에 100Mbps급 이상의 데이터 전송기술 개발을 꾀하고 있다. 비단 휴대폰의 용도만을 생각하더라도 짧은 시간 동안 많은 것이 바뀌고 있는데, 사실 휴대폰이 처음 등장했을 때만 해도 무선으로 통화하는 휴대폰의 기본 기능만을 강조했으나 시간이 흐름에 따라서 이러한 통화 기능 이외에 더욱 작고 가벼운 휴대폰을 원하게 되었다. 그러다 최근에는 TFT 컬러폰, 128화음폰, 1000만 화소급의 카메라폰 및 동영상 촬영이 가능한 캠코더폰을 비롯하여 TV 수신 기능이 더해

---

3) 3세대 이동통신으로 불리는 IMT-2000에 이은 이동통신 서비스로, 하나의 단말기를 통해 위성망, 무선랜, 인터넷 등을 모두 사용할 수 있는 서비스를 말한다.

진 TV폰까지 기존에는 생각도 하지 못했던 휴대폰들이 속속 등장하고 있다.[4] 그렇다면 과연 미래의 휴대폰은 어떻게 변화할 것이며 고객은 또 어떠한 휴대폰을 원하게 될 것인가? 그리고 우리가 현재 진행되고 있는 휴대폰의 발달로 미루어보아 미래의 휴대폰은 어떠한 형태와 기능을 갖게 될 것인가에 대해 이야기해 보자.

삼성전자에서는 휴대폰을 디자인, 연결성, 인포테인먼트(infortainment), 멀티미디어, 커뮤니케이션, 비즈니스 등의 형태로 구분하였다. 이러한 구분을 토대로 하여 소비자의 관점에서 볼 때 다음과 같은 세 가지 형태로 휴대폰의 진화 과정을 설명할 수 있다.

첫 번째로 미래의 휴대폰은 더욱 다기능화되어 단순한 음성전화의 개념에서 퓨전 네트워크(fusion network) 제품으로 발전할 것으로 예상된다. 이미 디지털카메라, MP3 플레이어, DMB, 게임 기능을 비롯하여 다양한 기능이 통합된 제품들이 등장했으며 이는 우리가 흔히 이야기하는 '디지털 컨버전스 제품'의 총체라고 할 수 있다. 국내에서는 뮤직폰이 큰 반향을 얻지 못하고 있지만 소니에릭슨에서는 '워크맨폰'이 출시되어 성공을 거두었고 아이팟에서는 '아이폰'을 출시하여 전 세계적으로 큰 성공을 거두고 있다. 그뿐만 아니라 대부분의 휴대폰에 들어가는 카메라 기능에 대한 소비자 니즈의 변화는 기능의 통합을 가속화했으며 이미 휴대폰을 통해서 TV, MP3 플레이어, 디지털카메라, 인터넷, PDA 기능 등이 통합되는 모습을 보이고 있다. 이러한 제품들은 소비자들에게 기존 제품과는 차별적인 가치를 충분히 제공해 줄 것으로 기대되고 있다. 또한 기능적 통합으로 최근에는 모바일(인터넷) 기능을 강

---

4) 휴대폰의 수요를 확대하는 데 견인차 역할을 한 제품들로는 1997년 10월 PCS 사업자들이 등장한 이후 1999년에 등장한 듀얼 핸드폰과 2000년대 들어 등장한 화음폰과 컬러폰을 들 수 있다. 이 밖에도 슬라이드폰, 뮤직폰, 카메라폰 등 외형뿐만 아니라 여러 가지 다양한 기능이 추가된 제품들이 성숙기 시장의 수요를 이끌어가고 있지만 2003년 7월 64화음폰과 TFT 컬러폰이 등장하자 고객들은 또 다른 차원의 휴대폰을 원하게 되었다. 고객이 아닌 기업의 입장에서도 기술적 노하우의 축적으로 인해 이러한 고객의 욕구를 충족시키기 위한 휴대폰 기능의 다양화를 꾀하고 있다. 2007년에는 디지털카메라, 컬러 LCD, MP3 플레이어 같은 기능들이 저가폰에서도 일반화되었고 고가 시장에서는 고해상도 카메라폰, 모바일 TV폰, 모바일 인터넷폰 등 다양한 슬림 멀티미디어폰들이 각축을 벌였다.

〈그림 Ⅱ-4〉 이동통신 단말기의 진화

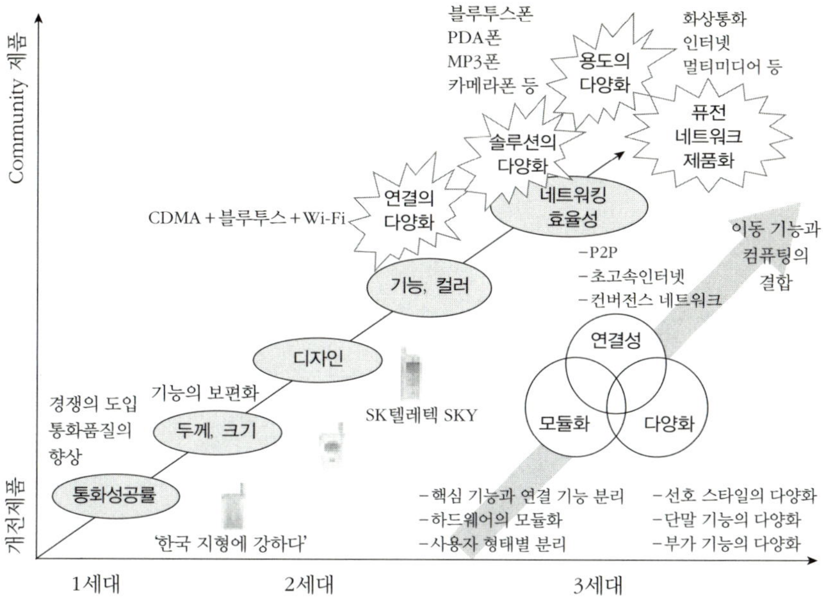

화한 3.5세대 HSDPA폰과 와이브로(Wibro) 기능이 더해진 제품이 출시되었고, 손떨림 보정 기능이 있는 500만 화소 카메라폰과 인터넷 풀브라우징(일반 PC와 동일한 형태의 화면 보기 기능 제공)이 제공되는 휴대폰까지 등장하였다. 이 같은 기능의 통합과 함께 통신 시장의 변화는 휴대폰을 둘러싼 시장에도 또다시 변화를 가져올 것으로 예상되는데, 특히 이제는 유 · 무선의 구분이 모호해지는 특성을 나타내고 있다. KT Ann폰의 경우 몇 년 전 하이브리드폰으로서 도입되었고, 최근에는 VoIP(voice over internet protocol)를 지원하는 휴대용 단말기도 등장했는데, 이는 무선랜이 있는 곳에서면 어디든지 VoIP를 통해 저렴한 요금으로 통화가 가능하다는 것을 뜻한다. 전통적 커뮤니케이션의 이러한 진화는 앞서 언급한 기능의 통합화를 통한 퓨전 네트워크와 함께 미래의 휴대폰을 새로운 방향으로 이끄는 두 개의 축으로 작용할 것으로 보인다.

두 번째로 휴대폰은 모바일 시대에 개인을 표현할 수 있는 가장 뛰어난 제

〈그림 Ⅱ-5〉 이동통신 단말기의 제품 소구점 변화

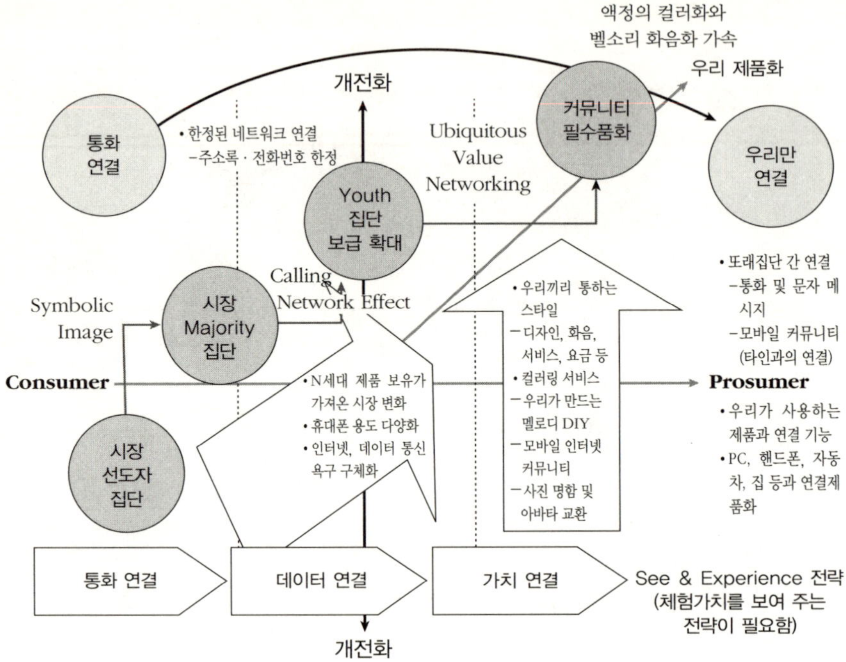

품이 될 것이다. 세계 통신업계에서는 최근 개방형 네트워크(opened network)와 폐쇄형 네트워크(closed network)가 화두가 되고 있는데, 아이팟(Ipod)으로 유명한 애플의 경우는 대표적인 폐쇄형 네트워크 기업으로서 소비자들은 '아이튠스' 라고 하는 특정 사이트를 통해서만 음악을 다운로드할 수 있다. 그러나 휴대폰의 경우 이와는 달리 개방형 네트워크가 크게 각광받고 있는데 대표적인 사례가 세계적 인터넷 검색업체인 구글이 내놓은 '구글 안드로이드폰' 이다. 구글폰의 경우 개방형 플랫폼 형태로 코드 소스를 오픈하여 수많은 소프트웨어 업체들로부터 다양한 소프트웨어를 사용할 수 있게 했으며 소비자가 직접 휴대폰의 원하는 기능만을 설정할 수 있는 개인화가 가능하다. 또한 최근 들어 휴대폰은 감각적 UI(user interpace)를 살리는 터치형 제품을 선보이고 있는데 이러한 터치형 제품은 소비자들에게 단순히 제품을 사용하는 것이 아니라 감각소비를 촉진시키는 요소로서 작용하고 있다.

〈그림 Ⅱ-6〉 모바일로 연결되는 싸이월드 서비스

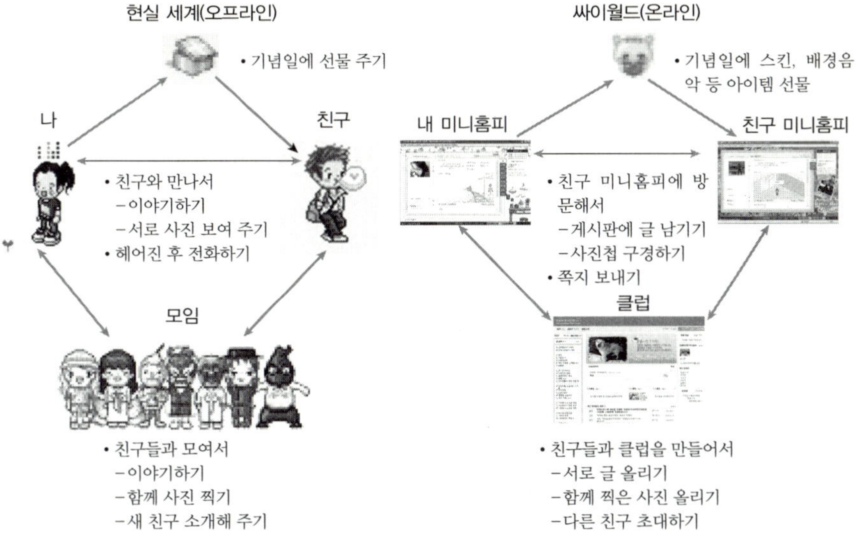

세 번째는 앞서 언급한 휴대폰의 기능적 통합의 측면에서 발전과 개개인에 적합한 개인화와 함께 미래 휴대폰의 역할로서 중요하게 고려될 수 있는 것이 바로 '우리' 라는 커뮤니티의 강조이다. 휴대폰이 개인화에 가장 적합하다는 사실은 이미 잘 알려져 있는데, 이러한 개인화를 넘어서 또래 집단 간의 연결뿐만 아니라 현재 사용하고 있는 제품 간의 연결도 가능해짐에 따라 싸이월드 등 인터넷 커뮤니티의 필수적인 제품으로 인식되고 있다(〈그림 Ⅱ-6〉 참조). 즉 휴대폰은 단순히 생활편익을 제공하는 기계가 아닌 개인과 개인을 이어 주는 매개체 역할을 하게 된 것이다. 근거리에서의 블루투스 기능의 확산은 이제 친구끼리 휴대폰을 이용해 실시간으로 게임을 하고 많은 데이터를 주고받을 수 있는 형태로 바뀌고 있으며 이를 통해 나와 가까이 있는 '우리' 라는 커뮤니티가 더욱 강화될 것이다. 또한 '새로운 우리' 의 탄생에도 주목할 필요가 있는데, 최근 휴대폰을 이용한 인터넷의 활용이 늘고 있는 사실은 이러한 점에서 특히 주목할 만하다. HSDPA, 와이브로 같은 모바일 기능의 보편화와 확산을 통해서 향후 휴대폰이 유비쿼터스형 커뮤니티로서 자리매김을 할 수 있을 것으로 보인다. 이러한 휴대폰의 '우리' 기능은 상거래 기능이 강화될 것이라는 점에서도 주목할 만하다. IT 산업 간 통합이 유통, 뱅킹, 방송 등에서 이루어지고 있는 점을 주목해 볼 때 휴대폰을 이용한 뱅킹 서비스뿐만 아니라 휴대폰을 이용한 주문, 배송 서비스 등도 확산될 것으로 보인다. 특히 뱅킹 서비스는 상대방과 나와의 거래라는 측면에서도 중요하지만 한편으로는 자신의 금융정보 등을 단말기에 보유함으로써 개인화에 접근할 수 있는 요건도 갖추었다고 볼 수 있다.

휴대폰의 진화 속도가 점점 더 빨라짐에 따라 한때 시장을 주도하던 스타일이 이제는 불과 몇 년 사이에 유행에 뒤처진 제품이 되고 있는 실정이다. 또한 기술의 발전과 함께 새로운 디자인이 주류로 자리잡는 간격도 점차 짧아지고 있다. 그러나 이러한 스타일의 변화 속에서도 미래의 휴대폰은 현재의 디지털 제품들의 총합체로서의 디지털 컨버전스의 최종산물, 그리고 다양한 기술적 · 기능적 욕구를 충족시키는 동시에 개인의 다양한 욕구와 사람과 사람을 이어주는 다리와 같은 중요한 매개체 역할을 함으로써 미래 모바일 허브로서의 중추적 역할을 수행할 것으로 보인다.

(5) 통신 시장의 경쟁구도 변화

SK텔레콤의 T월드, KTF의 SHOW와 같은 HSDPA(3.5G) 기능을 제공하는 휴대폰의 경우 누적 가입자 수가 750만 명을 넘어서고 있다. 이른바 '3G폰' 의 대중화는 통신 시장의 변화라는 틀에서 바라볼 필요가 있다. 이제 통신 시장에서 유 · 무선, 인터넷 등의 구분은 모호해지고 있다. 소비자들은 인터넷폰을 집전화처럼 함께 사용할 수 있게 되었으며 와이브로 등장은 또 다른 통신혁명을 가져올 것으로 기대된다.

유선 시장의 경우 한계를 극복하기 위해 최근에 무선 시장에서 성공한 서비스를 활용하여 다양한 수익구조를 수립하는 등 여러 가지 노력을 기울이고 있다. 그러나 Ann폰이 연간 30만 대에 불과한 보급률을 보이는 실정에서 유선전화 통화연결음 서비스나 SMS와 같은 일차원적 서비스로는 수익창출에 한계가 있을 수밖에 없다. 더욱이 유선전화의 경우는 가구 단위의 전화기인 반면에 일반 핸드폰의 경우 개인 단위의 통신수단이기 때문에 무선과 유선은 소비 규모에 있어서 차이가 있을 수밖에 없다. 따라서 이러한 유선 시장의 수익구조 한계를 돌파하기 위해 최근의 통신 서비스는 유 · 무선 통합 추세로 발전하고 있다. 한 예로 SK텔레콤과 하나로텔레콤의 M&A로 무선 시장의 1위 기업이 초고속인터넷 시장의 기반을 갖추게 되었고 이를 바탕으로 다양한 형태의 결합상품이 선보이고 있다.

유 · 무선의 결합뿐만 아니라 방송과 통신의 융합이라는 새로운 형태도 시도되고 있는데, KT의 경우 2012년까지 IPTV에 400만 가구를 가입시켜 매출 1조 원 달성을 목표로 하고 있다. 또한 방송사업자인 케이블 TV의 경우도 초고속인터넷에 있어서 기존의 메가패스와 같은 통신업체와 경쟁하고 있는 상황이다. 이러한 경쟁에서 한 단계 더 나아가 인터넷 포털업체(네이버 등)를 비롯한 인터넷 기업은 VoIP폰을 이용하여 기존의 유선 시장을 견제하고 있으며 myLG070의 경우 가입자 간 무료통화라는 네트워크 효과를 이용하여 VoIP 시장에 본격적으로 뛰어들었다.

이처럼 방송과 통신, 유선과 무선의 통합이 대세인 것은 분명하지만 이와 함께 여러 사업자들의 결합판매에 대해서는 적절한 규제가 필요하다. 또한 서비스에 대한 기업의 의지와 더불어 정책적으로도 상당한 고려가 필요할 것으로 보이는데 이러한 정부의 규제에 있어서 규제의 대칭성에 대해 몇 가지 고려할 점들이 있다. 무엇보다 기존의 유선분야에 집중되어 있는 규제의 대칭성을 완화할 필요성이 대두되고 있는데, 현재의 무선 서비스에 대한 규제의 강화가 아닌, 유선 서비스에 대한 규제 완화를 지속적으로 수행할 필요가 있다.

한편 제품 측면에서는 이에 적절한 단말기가 제공될 필요가 있다. 휴대폰의 경우 지속적인 연구 · 개발 투자를 통해서 다양한 형태의 제품이 만들어졌고 앞서 언급한 휴대폰의 진화처럼 대단한 진화가 이루어지고 있는 반면 유선 단말기의 경우는 단순 통화 기능 위주의 제품으로 구성되어 있는 것이 사실이다. 따라서 통신 시장이 결합되고 변화됨에 따라 유선 단말기, VoIP 단말기에도 변화가 필요하다.

(6) 무작정 컨버전스의 쇠락과 질적 고도화의 욕구

기본적인 통화에 대한 욕구가 해결되고 다양한 기능의 신형 단말기가 출시되면서 사람들은 좀 더 많은 기능을 함께 해결해 줄 수 있는 휴대폰을 원하게 되었다. 간단하게 즐길 수 있는 엔터테인먼트적 요소는 사람들 주위를 둘러싼 모든 활동에서 중요한 요소로 자리를 잡았으며 이제 휴대폰은 단순히 통화를 위한 기계가 아니라 게임, 사진, 동영상, 음악, 수첩, 인터넷, 패션 등 여러 가지 일을 동시에 할 수 있는 멀티 플레이어가 되었다.

한편 서울대학교 경영연구소의 2005년도 연구에 따르면, 컨버전스에 대한 필요도는 10%p 이상 떨어졌으며, 기본 통화품질에 대한 선호는 2004년 수치에 약간 밑도는 반면 디자인이나 프리미엄 기능에 소구하는 고객들은 크게 증가하였다. 즉 고객들은 여러 기능이 복합되어 있는 만능 리모콘을 원하는 것이 아니라 그들이 원하는 특정 기능을 프리미엄급으로 지니고 있으면서 디자인이 뛰어난 제품을 선호하는 경향을 보이고 있다. 따라서 어떤 기능이든 다 집어넣어 복잡해진 휴대폰보다는 고객이 선호하는 한두 가지 기능을 충실히 구현하는 동시에, 디자인이 훌륭한 프리미엄 제품이 더욱 선호될 것으로 보인다.

또한 고객의 가치를 질적으로 높이는 컨버전스가 부상할 것으로 보이는데 이는 네트워크 기술의 점진적 발전과 멀티미디어 기능의 보편화 등으로 단순 기능 단계의 혁신이 한계에 이르렀기 때문이다. 과거의 컨버전스가 디스플레이, 디지털카메라, MP3 플레이어 등 성능 경쟁 중심으로 이루어졌던 것과는 대조적으로 최근의 컨버전스의 방향은 고성능을 지향하는 깊이(depth)보다는 기능을 재조합하는 범위(scope)로 변화하고 있다. 먼저 WCDMA, HSDPA 등 3G, 3.5G로의 네트워크 진화가 점진적으로 일어나고 있으며 와이브로, 모바일, 무선랜, UWB 등 다양한 통신 · 방송 네트워크가 등장하고 있다. 특히 2007년 기준 모바일 TV 지원 휴대폰 비중은 비록 1% 수준에 불과하지만 향후 꾸준한 성장이 기대된다. 또한 USB 메모리, 하드디스크 등 다양한 대용량 미디어가 출현하고 있으며 카메라 해상도도 1메가픽

〈그림 Ⅱ-7〉 이동통신 단말기 콘셉트의 발전 방향

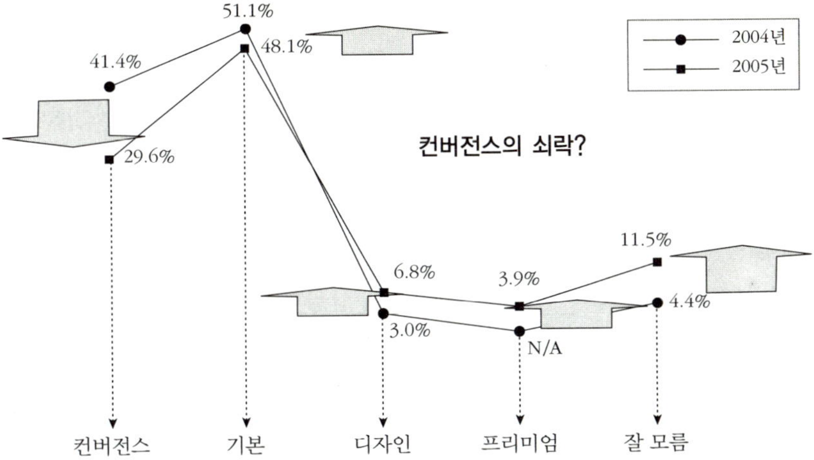

셀에서 5메가픽셀 이상까지 다양한 선택이 가능하다. 더구나 디자인의 경우 슬림 디자인을 기본으로 한 다양한 폼팩터(form factor)가 존재한다.

이와 같이 휴대폰에 다양한 기능의 재조합이 가능해지면서 기업의 입장에서는 고객이 원하는 제품을 경쟁사보다 먼저 만들어 내는 것이 더욱 중요해졌다. 그러나 다수의 제품 대안이 가능해졌다고 하더라도 어느 제품을 개발할지 결정하는 것은 쉽지 않은 일이다. 특히 연구 · 개발과 마케팅에 막대한 비용이 투입될 수 있으므로 자칫 잘못된 제품 개발이 이루어질 경우 해당 기업에 큰 타격이 될 수 있다. 따라서 국내 이동통신 단말기업체의 경우 이러한 리스크를 충분히 반영한 제품 로드맵을 구축하는 것이 그 어느 때보다 중요해지고 있다.

다른 하나로 휴대폰 사업의 경쟁력을 높이기 위해 디지털 콘텐츠 서비스의 중요성이 부각되면서 글로벌 메이저 기업들 대부분이 디지털 콘텐츠 서비스를 자체적으로 제공할 계획이다. 휴대폰 기반 기술의 더딘 진화 속도와 슬림한 디자인의 보편화 등 하드웨어 측면에서의 차별성이 점점 줄어들면서 콘텐츠를 통해 제품 차별화를 추진하고 있다. 더구나 휴대폰의 수익성이 점차 줄어들고 있어 새로운 수익사업으로 디지털 콘텐츠 사업을 강화하고 있다. 따라서 휴대폰과 디지털 콘텐츠 관련 시장 변화를 주도 면밀히 분석하고 적절한 대응 방안을 마련하는 것이 필요한 때이다.

또 다른 전망으로는, 앞으로 메가히트 모델의 성공 여부에 따라 기업별 경영성과가 좌우될 것으로 보인다. 이동통신 단말기업체들은 치열한 경쟁에 의한 ASP 하락과 연구 · 개발 및 마케팅 비용 등 막대한 고정비 투입으로 이익 측면에서 심한 압박을 받고 있는데, 이러한 문제를 가장 효과적으로 극복할 수 있는 방법은 볼륨 확대를 통한 고정비의 감소가 될 것으로 보인다. 휴대폰 시장 또한 메가히트 모델의 탄생 가능성이 점차 높아지고 있는데, 이는 시장이 성숙기에 진입하면서 교체수요 중심의 오픈 마켓이 성장하고 있고, 디지털 제품이 문화 코드화되면서 소비자들의 제품 편중 현상이 두드러지게 나타나고 있기 때문이다.

최근 휴대폰 시장에서는 산업 구조조정이 시작되면서 기업 간 경쟁이 보다 치열해지는 양상을 보이고 있다. 따라서 국내 이동통신 단말기업체들이 시장에서 도태되지 않고 지속적인 성장을 이루기 위해서는 보다 근본적인 체질 개선에 집중해야 하는데, 이를 위해서는 다음과 같은 전략을 고려해 볼 수 있다.

첫째, 저가 시장을 충분히 공략할 수 있는 비즈니스 시스템을 갖춰야 하는데 무엇보다 글로벌 플랫폼 전략을 통한 원가 혁신 역량을 갖추는 것이 필요하다. 예를 들어, 선진 시장과 신흥 시장에 동시에 대응할 수 있는 패밀리 시리즈를 처음부터 기획에 반영하거나 저가 칩 솔루션을 자체적으로 확보하지 못한 국내 기업의 경우 칩 벤더와의 전략적 파트너십 구축에 힘써야 할 것이다. 또한 단순히 멀티 벤더를 고집하기보다는 역량을 갖춘 단일 벤더와의 전략적 제휴를 통해 가격과 납기 측면에서 유리한 포지션을 이끌어 나가는 것도 하나의 대안이 될 수 있다.

둘째, 소비자의 니즈에 최적화된 제품을 개발하기 위해 통합 컨버전스 역량을 강화해야 하는데, 무엇보다 기술 중심의 조직 운영에서 벗어나 시장지향형 조직 운영으로 변화해야 한다. 국내 기업들은 아직까지 과거 스피드 중심의 기능 컨버전스 타성에 머물고 있어 연구 · 개발 중심의 조직 시스템

〈그림 Ⅱ-8〉 이동통신 단말기에 대한 소비자의 니즈 분포

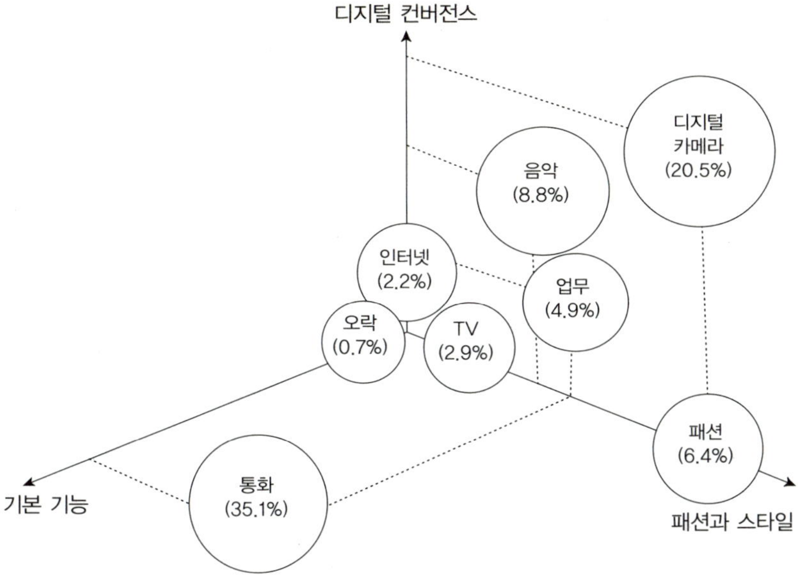

을 갖추고 있다. 이러한 기술 중심의 조직 시스템은 신기술을 먼저 적용하여 경쟁사보다 빨리 제품을 출시하는 데에는 이로운 점이 많지만 고객 가치 중심의 시장 창출형 제품 개발을 위해서는 모든 가치사슬에 고객의 니즈가 제대로 반영되어야 할 것이다.

마지막으로, 디지털 콘텐츠 확보를 위해 당장의 기업 인수보다는 우선 메이저 포털업체와의 전략적 제휴를 고려할 수 있다. 왜냐하면 국내 이동통신 단말기업체가 글로벌 시장에서 독자적으로 콘텐츠 사업을 추진하기란 쉽지 않기 때문이다. 이와 더불어 디지털 콘텐츠 서비스를 원활히 수행할 수 있는 OS, 미들웨어 등 플랫폼 역량을 신속하게 확보해 나가는 노력이 필요할 것으로 보인다.

2) PC

(1) PC 산업의 역사와 시장 변화

PC 시장은 1979년에 PC가 도입된 이후 처음 10년간은 5% 정도의 시장 보급률을 보였다. 당시는 시장의 도입기로서 혁신 소비자들과 일부 조기 수용자들만이 PC를 구입하던 시기였다. 그러나 마이크로소프트사에 의해 1990년 윈도3.0, 1995년 윈도95, 1998년의 윈도98을 비롯한 윈도 OS 시리즈가 개발되어 폭발적 반응을 얻었으며, CPU도 인텔에 의해 펜티엄에서부터 펜티엄IV에 이르기까지 지속적으로 개발이 진행되면서 인텔과 마이크로소프트사에 의한 이른바 '윈텔(Wintel) 효과'가 PC 산업의 성장과 컴퓨터 보급의 확대에 기여하게 된다. 이후 급격한 성장을 보인 PC 산업은 1998년 컴퓨터 보급률이 50%를 넘어선 이후 2005년 89.5%의 보급률을 기록함으로써 성숙기의 양상을 보였다. 또한 2001년에 마이크로소프트사에서 야심차게 출시한 윈도XP의 경우 과거의 윈도95와 같은 즉각적이고 대대적인 반응을 일으키지는 못했지만 멀티미디어 기능과 메신저 등의 인터넷 기반 서비스를 중심으로 시장을 점차 확대해 윈도98, ME 등을 대체하였다. 또한 인텔이 펜티엄 시리즈에 이어 2003년에 발표한 센트리노 칩 역시 초기 시장에서는 별 반응을 얻지 못했으나, 무선인터넷 시대가 도래하면서 빠른 처리 능력과 강력한 배터리 효율을 중심으로 소비자에게 소구하면서 노트북 시장을 장악하였다. 이러한 센트리노 칩은 2004년 도선, 2005년 소노마로 진화하면서 데이터 처리 속도와 무선인터넷에 최적화된 성능과 배터리 사용 성능을 개선해 나갔다. 또한 2006년에는 저발열 · 저전력 · 고성능의 코어듀오 칩이 개발되어 무선컴퓨팅 기술을 진보시켰다.

지금까지 PC 산업의 전반적인 시장 상황을 소프트웨어를 통해 살펴보았는데, 이와는 또 다른 관점에서 각 시기에서의 고객 트렌드의 변화 및 기타 시장의 특징에 대해서 살펴보도록 하겠다.

우선 성장기인 1995년 소비자들의 PC 상표 선택 이유를 살펴보면 당시

〈표 Ⅱ-2〉 PC 수요의 변천

구분	성장기(1995-1998)	성숙기(1999-2000)	재도약기(2001-)
제품 취득 경위	1. 신규구매: 65.0% 2. 선물받음: 4.1% 3. 대체구매: 4.0%	1. 신규구매: 58.8% 2. 대체구매: 31.9% 3. 중복구매: 5.4%	1. 대체구매: 44.8% 2. 신규구매: 29.0% 3. 중복구매: 22.4%
상표 선택 이유	1. 가격: 29.9% 2. 품질: 20.4% 3. 성능: 19.4%	1. 성능: 29.4% 2. 가격: 22.9% 3. AS: 12.7%	1. 성능: 42.0% 2. 가격: 22.6% 3. AS: 7.2%
비의도자 비구매 이유	1. 이미 보유: 35.5% 2. 쓸 일이 없어서: 23.5% 3. 자금 여유가 없어서: 17.2%	1. 이미 보유: 52.4% 2. 쓸 일이 없어서: 16.6% 3. 제대로 쓸 줄 몰라서: 9.7%	1. 이미 보유: 50.6% 2. 쓸 일이 없어서: 15.6% 3. 제대로 쓸 줄 몰라서: 12.3%
보유집단의 특징	1. 초등 · 대학생층 수요의 확대 2. 컴퓨터 교육 참가 의도 높음 3. 삼성에 대한 선호도 높아짐	1. 통신용 컴퓨터 원츠 증가 확대 2. 조립 의도가 높아짐 3. 주부 등의 컴퓨터 교육 의도 증가	1. 40대의 비중 높음 2. 삼성 상대적 비선호도 증가 3. 회사원, 자영업자
시장의 특징	1. 윈도95 OS의 도입 2. HW의 급격한 발전 3. 멀티미디어 PC의 도입 4. PC 통신의 보편화 5. 소형화 노트북의 출시 붐	1. OS 윈도 체제 안정화 2. 인터넷의 일상화 3. 초고속인터넷의 도입과 보급 4. OS, HW 개발 속도가 느려짐 5. 저가형 컴퓨터 등장과 발전	1. HW, SW 개발 속도 정체 2. 초고속인터넷 보급 성숙 3. 무선인터넷의 도입 4. 슬림 PC의 개발 강화 5. '우리' 시장의 부각

고객들은 가격을 가장 우선적으로 고려했으나 성숙기에 들어선 1999년 후반부터는 제품의 선택에서 성능을 가장 중요시했고 그 다음으로 가격과 애프터서비스를 중요시하는 경향을 보였다. 이는 컴퓨터에 대한 수요가 신규수요에서 교체수요로 변환되는 한편 하드웨어를 비롯한 컴퓨터 부품들의 신형 모델 출시 시기가 앞당겨지면서 성능에 대한 고객들의 관여도가 높아졌고, 조립 PC를 비롯한 기존 메이커 PC 이외의 제품이 시장에 등장하면서 고객의 인지가격이 하락했기 때문으로 여겨진다. 이러한 특징과 더불어 성숙기에 들어서면서 OS 윈도 체제가 안정화되었고, 인터넷의 일상화와 저가형 컴퓨터의 등장으로 제품의 교체 주기가 더욱 빨라지게 되었다. 또한 데스크톱 PC에 대한 수요뿐 아니라 노트북 컴퓨터에 대한 수요가 증가하고 고객의 공간활용에 대한 욕구가 증대하면서 슬림형 PC의 개발이 강화되었다.

〈그림 Ⅱ-9〉 PC 산업의 변천

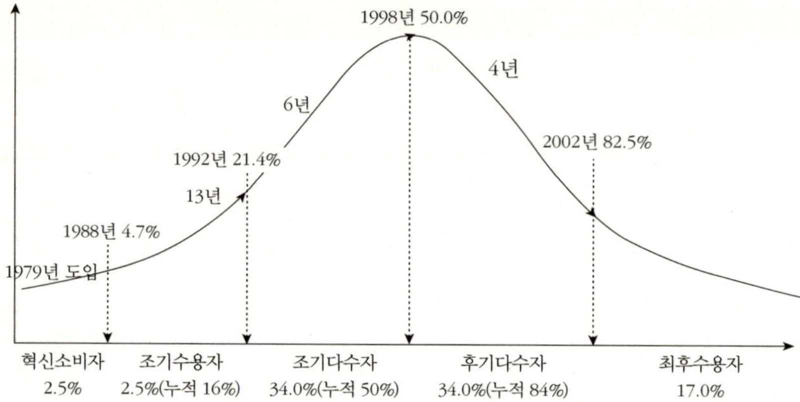

1982년 286	1990년 윈3.0	1997년 펜티엄II
1985년 386	1993년 펜티엄	1999년 셀러론, 펜티엄III
1989년 486	1995년 펜티엄 프로, 윈도95	2000년 펜티엄IV, 초고속인터넷

2000년대 중반에 들어서는 무선인터넷이 일반화됨에 따라 이러한 환경에 최적화된 CPU가 개발되면서 노트북의 사용이 더욱 확산되었으며, 노트북 가격이 큰 폭으로 하락하면서 가정 내에서도 노트북과 무선인터넷의 사용이 급속히 확산되었다.

다음으로 우리나라 PC 시장에서 업계의 동향을 살펴보면 국내 PC 메이저사로 삼성전자, LG전자, TG(삼보컴퓨터)를 들 수 있는데 1990년대 중반까지 내수 시장에서는 브랜드 인지도를 높이고 수출은 브랜드와 관련 없이 확대하는 전략을 꾀해 왔으나 시장이 확대되면서 각기 독자적인 행보를 보이고 있다.

삼성전자의 경우 일류 브랜드를 모토로 하여 가전제품과 함께 PC에서도 일류가 되기 위해 심혈을 기울였으며, 미국 AST사를 인수하는 노력 등을 통해 해외 경쟁력을 강화했고 내수 시장에서도 여전히 막강한 브랜드 파워를 유지하고 있다.

LG전자의 경우는 1996년 11월 IBM과 전략적으로 제휴함으로써 브랜드를 포기하고 생산에만 전념하였다. 그러나 2004년도 하반기에 IBM과의 8년간의 제휴관계를 청산하고 독자적 브랜드로 시장을 공략하기 시작했다. 2003년에는 X-note라는 자체 브랜드로 노트북을 생산하기도 했으며, 그동안 축적된 기술력과 'Do X' 라는 광고를 통해서 LG라는 브랜드를 소비자에게 성공적으로 알려 나갔다. 최근에는 노트북을 중심으로 컴퓨터 시장 2위 업계의 지위를 굳혀 가고 있다.

삼보의 경우 초기 미국에 e-머신즈라는 합작회사를 설립한 후 저가 브랜드 전략을 통해 시장에서 성공을 거두었으나, 이후 OEM 물량의 감소와 수익률의 악화로 인해 미국에서의 사업을 포기하고 현재는 내수 시장 중심의 사업을 펼치고 있으며, 브랜드 전략의 일환으로 삼보컴퓨터에서 TG로 브랜드를 대체하였다. 또한 삼보는 2004년 '에버라텍' 이라는 제품을 통해 저가형 노트북 시장의 강자로 떠올랐으며, 이는 저가형 노트북 시장의 경쟁 심화와 시장 확대를 가져왔다. 그러나 2005년 회사의 부도 처리와 함께 법정 관리에 들어감에 따라 현재는 브랜드 관리 및 공격적인 시장 관리에 어려움을 겪고 있다.

이 외에도 주연테크 컴퓨터를 비롯한 중소기업들은 저가의 모델을 내세워서 시장을 공략하고 있으나 전반적인 PC 가격 하락으로 인한 가격경쟁력을 상실함에 따라 시장에서 점차 설 자리를 잃어 가고 있다. 더욱이 2004년을 고비로 내수 경기가 침체됨에 따라 주로 내수 시장에서 판매해 오던 중소기업들 중 상당수가 판매 부진으로 도산하였다. 최근에는 노트북 시장이 활성화됨에 따라서 소니, 도시바, 후지쯔, 아수스 등의 일본 · 대만 기업들의 시장 영향력이 점차 커지고 있다.

PC 산업의 성장에 큰 견인차 역할을 한 것은 노트북 컴퓨터이다. 노트북은 매년 15%를 웃도는 판매 증가율을 기록해 2005년에는 전체 PC 판매량의 약 30%를 차지하였다. 2004년 12월 삼보컴퓨터에서는 기본 사양만을 갖춘 100만 원대 초반의 저렴한 노트북인 '에버라텍' 을 출시하였다. 그 후 노트북의 가격경쟁은 더욱 심화되어 저가형 메인 프로세서를 장착한 60-70만 원대 노트북이 등장하기에 이르렀다. 이러한 노트북의 가격 하락은 결과적

〈그림 Ⅱ-10〉 PC의 판매량과 보급률 추이

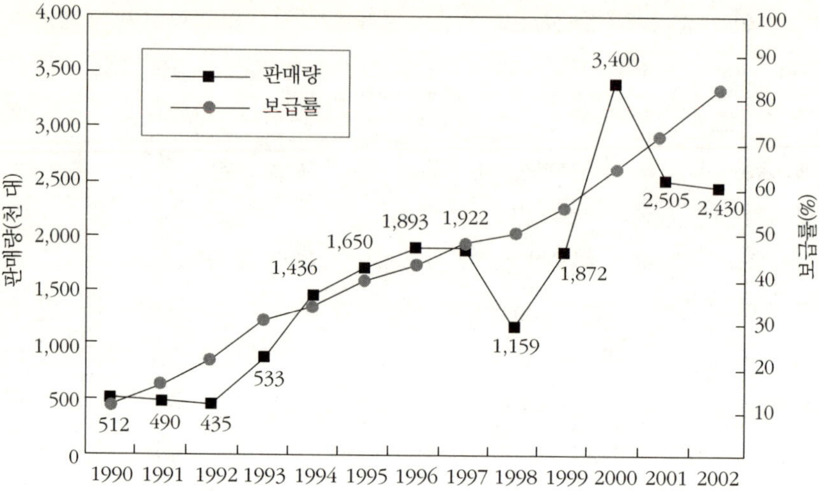

으로 소비자들의 노트북 구매 의도를 증가시켰고, 노트북 시장이 급속하게 성장하게 되는 여건을 조성해 주었다. 이와 더불어 무선인터넷 사용을 위한 무선인터넷 공유기나 KT의 네스팟과 같은 무선인터넷 서비스 등의 인프라 또한 노트북 시장의 확산에 결정적인 역할을 했다. 따라서 이제는 가정에서도 거실과 안방을 이동하면서 자유롭게 컴퓨팅을 하고 인터넷을 사용하고자 하는 소비자의 니즈가 점차 늘고 있어 노트북의 PC 시장 내 비중은 더욱 커질 것으로 전망된다.

그렇다면 기업의 입장에서 볼 때 노트북은 어떠한 장점이 있을까? 이를 설명하기 위해 데스크톱 PC를 판매했을 때와 노트북을 판매했을 때 단순한 판매가격 이외에 기업에게 주는 이익을 살펴보고자 한다. 노트북과 일반 데스크톱 PC의 판매를 비교해 봤을 때 일반적으로 데스크톱의 교체 주기가 4년인 데 반해 노트북의 경우 이동이 빈번하다는 제품의 특성상 교체 주기가 2년 정도로 측정되어 제품의 회전율이 빠를 뿐만 아니라 데스크톱에 비해 고가이면서 수익률 또한 높다. 그리고 데스크톱 PC가 가족이 사용하는 컴퓨터였다면 노트북은 개인이 사용하는 PC로 인식되어 있어 시장의 크기 측면에서 앞으로 현재보다 훨씬 많은 수의 PC 제품을 판매할 수 있을 것으로 예상된다.

(2) 시장에서 살아남기 위한 몸부림

앞서 언급했듯이 PC 시장은 이제 완연한 성숙기에 들어섰다고 할 수 있다. 2000년을 기점으로 신규수요보다 교체수요가 높은 비중을 차지하고 있으며 중복수요 시장도 확대되고 있다. 따라서 현재 PC 시장은 신규수요가 줄어들고 있는 시점에서 교체수요 및 중복수요를 어떻게 관리하느냐가 가장 중요한 이슈로 떠오르고 있다. 기존의 PC 시장은 기술혁신에 의해 지속적으로 확장되었으며, 인터넷은 1997년 이후 소프트웨어 및 하드웨어의 성능향상과 함께 빠르게 보급되어 PC의 확산을 주도적으로 이끌었다. 그러나 OS와 소프트웨어의 발전이 정체됨에 따라 이러한 기술진보에 의한 수요의 확산은 더 이상 기대할 수 없는 수준이 되어 버렸다. 따라서 수요를 촉발할 만한 획기적인 기술진보가 나타나지 않은 채 컴퓨터의 교체 주기가 점차 길어지고 있는 현 시점에서 컴퓨터의 판매와 관련하여 고려해야 할 사항들이 있다. 우선 향후 컴퓨터 시장은 교체 시장 중심으로 이동할 것으로 생각된다. 또한 각종 컴퓨터 부품의 가격인하로 인해 전반적인 PC 가격 자체가 계속 인하되고 있고, 노트북에 대한 구매 의사와 실제 구매는 증가하고 있는 상황이다. 특히 컴퓨터를 통해 각종 영상 · 음향 기기들과의 연결사용을 원하게 됨에 따라서 연결 기능을 강화하는 부가 기능의 강화가 최근 떠오르는 이슈가 되고 있다.

이와 함께 데스크톱 시장의 경우 이전에는 조립 PC 등이 브랜드 PC의 경쟁자였다면, 최근 들어 노트북 시장이 확대됨에 따라 외국산 노트북이 국내 업체의 새로운 경쟁자로 대두된 점을 눈여겨볼 필요가 있다. 특히 노트북 시장의 경우 매년 두 자릿수 성장을 함으로써 기존 PC 시장에서의 데스크톱의 판매부진에도 불구하고 전체 PC 시장을 이끌어나가는 역할을 하고 있다. 데스크톱이 메이저 3사와 중소기업 및 조립 PC를 전문으로 하는 작은 업체들의 대결 구도였다면 노트북은 메이저 3사와 외국산 노트북과의 대결 구도라고 할 수 있다. 더욱이 노트북은 특성상 고가의 고수익 제품으로서 데스크톱에 비해 브랜드가 갖고 있는 가치가 크다고 할 수 있는데, 노트북 구매 의사가 가장 높은 대학생층의 경우 브랜드에 민감한 반응을 보이기 때문에 국내 노트북 제조업체는 외산 노트북과의 질적인 경쟁에서 이길 수 있는 돌파구를 마련해야 할 것이다.

이러한 돌파구로 현재 삼성전자의 센스나 LG전자의 X-note가 갖고 있는 브랜드 이미지를 들 수 있는데 도시바, 소니, 컴팩 등이 보유하고 있는 노트북 이미지와의 비교를 통해 이 제품들만의 강점을 살릴 수 있어야 한다. 노트북 역시 일반 PC처럼 모듈화되어 있는데 일반적으로 국산 제품들이 외국산에 비해서 에프터서비스가 뛰어나다는 장점이 있는 반면 세계적인 노트북 전문 브랜드라는 인식은 미진한 부분이 많다. 그러므로 국내 브랜드로서는 자신들의 브랜드 이미지를 고양할 수 있는 마케팅 전략과 함께 외국산과 비교하여 성능과 가격 면에서 결코 뒤처지지 않음을 보여 줄 필요가 있다.

최근 성장세가 둔화된 PC 산업의 경우에는 포스트 PC가 해결사로 주목을 받고 있다. 포스트 PC란 현재의 데스크톱 PC 위주의 인터넷 환경에서 벗어나 언제 어디서나 인터넷에 접속할 수 있는 정보기기를 말하는데, 이런 기기는 장소에 관계없이 자유롭게 인터넷을 이용할 수 있는 무선인터넷과 다양한 기기들을 연결해 한 곳에서 제어할 수 있도록 하는 네트워킹 기술이 확산되면서 가능해졌다. 포스트 PC는 기존 PC에 비해 휴대와 정보(주로 인터넷) 접근이 쉽고 가격이 저렴하며 특히 언제 어디서나 부담 없이 들고 다니면서 인터넷을 검색하고 e-메일을 주고받을 수 있는 '이동성'이 큰 장점인데 대표적인 포스트 PC 제품으로는 태블릿 PC, PDA, 웹패드, 인터넷 게임기 등이 있다. 이전의 PC가 다양한 기능을 같이 모아놓은 통합형 범용 정보기기라면, 포스트 PC는 PC의 여러 기능을 따로 떼어 놓은 분산형 특화 정보기기이다. 이제 막 형성단계에 있는 포스트 PC 시장은 낮은 진입장벽과 제품의 다양성 등 여러 가지 요인에 의해 복합적 경쟁구도가 나타날 가능성이 크다. 포스트 PC 시장은 PC 산업을 침체로부터 다시 활성화시킬 수 있는 방법이라고 여겨진다.

(3) PC, 미래 산업의 허브

미래의 PC 시장에서는 단순히 자판만을 두드리는 컴퓨터에서 벗어나 다양한 제품들이 등장할 것이다. 2001년경에는 PC가 소비자들에게 시장의 생활필수품으로 정착됨에 따라서 엔터테인먼트 기능을 강조한 PC가 판매되기 시작하였다. PC 한 대로 오디오, DVD 재생, TV, 영상 편집 등의 다양한 기능을 수행할 수 있었으며, 최근에는 이러한 기능이 좀 더 발달된 미디어센터 기능 중심의 PC가 일반화되었다. 미디어센터 PC란 단순한 컴퓨팅의 기능을 넘어서서 디지털 AV 가전 기능을 통합 제공하는 PC인데 운영체계에 TV 시청 및 녹화, 영상 · 음향의 재생 및 관리, 디지털 사진 관리 등의 멀티미디어 기능을 통합해 제공하는 한편 TV를 실시간 시청하면서 수신된 방송을 HDD에 간편하게 저장 및 재생할 수 있는 기능 등을 가지고 있다. 또한 리모컨 등을 이용하여 사용자가 기존의 컴퓨터를 사용할 때보다 더욱 간편하게 조작할 수 있다는 장점이 있다. 이러한 미디어센터 PC는 향후 가정 내 가전들이 하나로 연결되는 홈네트워킹이 발달됨에 따라 홈서버의 형태로 발전하여 디지털 가전제품을 하나로 이어 주는 홈네트워크의 두뇌가 될 것으로 기대되고 있다.

미디어센터 PC가 일반적으로 데스크톱에 적용되는 미래의 컴퓨터라면 노트북에서는 태블릿 PC를 빼놓을 수 없다. 포스트 PC의 가장 중요한 키워드 중 하나는 모바일화인데 이러한 모바일화를 최근 가장 주도하고 있는 제품이 태블릿 PC이다. 태블릿 PC는 기존의 노트북과는 달리 A4 용지 크기의 액정화면에 디지털 펜으로 글씨와 그림을 입력할 수 있도록 한 것이 특징이다.

이와 함께 PC 시장에서는 와이-파이(Wi-Fi)를 이용한 무선랜 통신 기술이 또 하나의 화두가 되고 있다. 기존의 유선인터넷 통신을 벗어나서 무선랜이 확대됨에 따라서 최신 노트북의 경우 무선랜이 내장되어 출시되고 있다. 이러한 기술들은 이미 수년 전에 제창되었고, 현재의 PC는 이러한 개념들이 상용화되는 정도일 뿐이다. 최근에는 앞으로 10년 정도는 IT 산업 내

〈그림 Ⅱ-11〉 기술혁신에서 시장혁신으로 변화하는 PC 시장

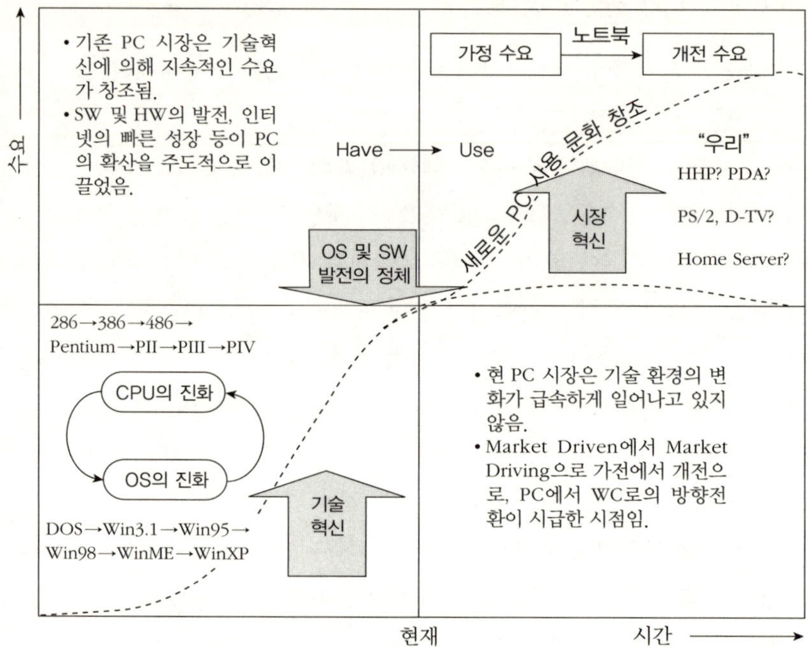

에서 전에 없던 새로운 개념의 제품이 탄생하기 어렵다고 단언하는 사람도 등장하고 있는 실정이다.

이러한 제품의 변화에 대한 예측과 함께 미래의 시장 수요에 대해서도 조심스럽게 고려해 볼 필요가 있다. 1990년대 연간 두 자릿수의 성장세를 지속했던 PC 시장은 2000년대 들어서는 교체 주기가 늘어나는 한편 수요 정체와 업체들 간의 경쟁 심화에 따른 출혈적 가격전쟁으로 PC 기업들의 수익성이 심각한 수준으로 악화되고 있는 실정이다. 이에 따라 본격적인 PC 시장의 회복 시기가 언제인가가 앞으로의 PC 시장에 가장 큰 화두가 될 것으로 보인다. 현재 PC 산업은 기존의 윈텔 효과가 미미해지면서 PC 산업 전체가 성장하기 위한 성장 모멘텀이 부족할뿐더러 수익성 악화라는 두 가지 난제를 풀어야 할 시점에 있다. PC 성능은 비약적으로 발전하여 결국 시장 소비자들의 평균 니즈 수준을 훨씬 뛰어넘는 성능과잉 시대로 접어들 것이다.

이제 소비자들의 주 관심사는 성능의 향상이 아닌 이동성의 강화, 원활한 네트워킹, 홈시어터 수준의 AV 능력, 새로운 제품 형태 등 새로운 니즈로 이동하고 있으며 이로 인해 PC의 교체 주기는 점차 길어지고 있는 추세이다.

한편 PC 산업의 진화 과정에서 제조와 기술의 분리가 진행되면서 마이크로소프트, 인텔 등의 일부 기업들이 기술혁신을 전담하게 되었다. 이와 함께 부품 수준에서의 표준화가 전개되면서 PC는 모듈적 성격을 지니게 되었다. 즉 PC는 휴대폰이나 디지털 가전 등 다른 최종 소비자 제품과는 다르게 별다른 핵심기술 없이 표준화된 부품의 단순 조립만으로 제품의 제조가 가능해진 것이다. 이는 PC 산업의 제조분야에 대한 진입 장벽을 낮추어 무수히 많은 기업들이 PC 시장에 용이하게 진입하도록 만들었는데 이로 인해 앞서 언급한 바와 같이 경쟁심화에 따라 수익성이 악화된 상태이다. PC 산업의 위기는 일시적인 것이기보다는 수요, 기술, 산업구조 면에서 다양한 요인들이 복합적으로 작용하는 전반적인 위기의 성격이 강하다. 그러므로 이제는 이러한 위기를 탈출할 수 있는 미래 PC 시장의 대응방향에 대해서 살펴보도록 하자.

무엇보다 지금까지의 PC가 기술혁신을 통해 발전해 왔다면, 이제는 시장의 혁신을 통한 발전을 꾀해야 한다. 즉 지금까지의 PC 시장이 기술 환경의 변화가 일어나고 있지 않은 상태에서 Market Driven을 통해 시장을 이끌어 왔다면 이제는 Market Driving을 통해 '가전제품'에서 '개전제품(個電製品)'으로의 변화가 절실히 요구된다.

한편 제품 측면에서는 소비자들의 공간 활용 욕구가 늘어난 만큼 슬림화하거나 디자인을 차별화하는 외적인 변화는 물론 무선, AV 기능 등을 강조하여 네트워크 활용을 극대화시키는 제품 개선 방식을 사용하기도 한다. 이와 함께 기존의 PC 이외에 중복수요를 통한 세컨드 PC의 판매를 위해 저가형 PC를 제공할 수도 있는데 이러한 세컨드 PC 시장은 노트북 가격 하락과 함께 점차 시장기회가 확대되고 있는 추세이다.

또한 제품의 판매도 노트북 등 고수익이 예상되는 부분에 집중하는 방법과 새로운 개념의 PC를 시장에 상용화하는 방법이 있다. 미래의 PC 시장에서 살아남고 꾸준히 발전하기 위해서는 장기적인 관점에서 제품의 개선과 운영의 효율화를 도모해야 한다. 이와 함께 신제품의 개발을 비롯해서 브랜드 가치의 강화가 필요할 것이다.

2 백색가전

1) 냉장고

(1) 얼음 창고에서 인터넷 냉장고까지

냉장고의 역사는 약 2500년 전의 중국으로까지 거슬러 올라간다. 중국 전국시대에는 겨울에 얼음을 저장했다가 여름에 사용하는 '벌빙지가(伐氷之家)' 라는 얼음 창고가 있었는데, 당시에는 얼음이 매우 귀해서 왕과 제후들만이 먹을 수 있었다. 우리나라에서는 신라시대 석빙고가 얼음 창고의 효시이며 조선시대에는 겨울에 한강의 얼음을 잘라서 동·서빙고와 같은 지하에 저장했다가 여름철 제사 때와 궁궐 안의 음식 신선도 유지에 썼다는 기록이 있다. 지금은 너무나 흔한 얼음이 냉장고가 없던 시대에는 왕족만이 누릴 수 있는 특권이었던 것이다.

현대의 가정용 냉장고는 1918년 미국 캘비네이터(Kalvinator)사에서 처음 개발되었으며, 우리나라에서는 1965년 금성사(현 LG전자)가 국산 냉장고를 처음으로 생산하였다. 막 경제 기반을 갖추기 시작한 당시에 냉장고는 엄청난 부의 상징이었다. 1970년대에 들어서면서 금성사가 2도어 냉장고와 냉수기 부착형 냉장고를 잇달아 생산했으며 대한전선(현 대우전자)이 1971년에, 삼성전자가 1973년에 냉장고를 생산하기 시작했다. 이때부터 냉장고 시장은 국내 가전 3사가 정립하는 본격적인 경쟁 시대를 맞이했으며, 30여 년이 지난 지금 우리나라 가전업체의 냉장고는 세계적인 기술을 보유했다는 평가를 받을 정도로 놀랍게 성장하였다.

〈그림 Ⅱ-12〉 백색가전의 진화

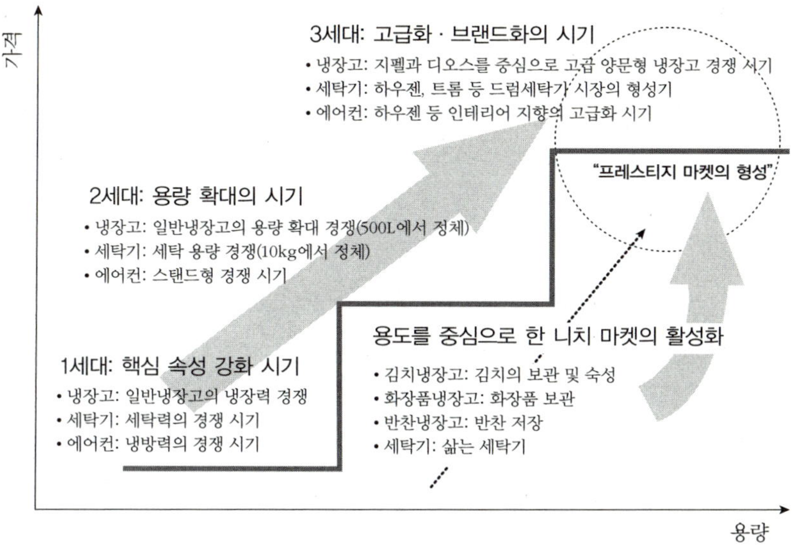

지금까지 빠르게 성장해 온 우리나라 냉장고 시장의 발전 양상은 다음과 같이 나누어 생각해 볼 수 있다.

초기에는 상냉동 · 하냉장형의 일반냉장고가 대부분이었고 이때를 '핵심 속성의 강화 시기' 라고 한다. 다른 어떤 기술력보다 냉장 · 냉동력이 우선시 되었으며, 냉장 · 냉동력의 우수성이 냉장고의 핵심 역량이자 타사와 차별화 되는 경쟁력의 원천이었다. 용량 면에서는 500L에 훨씬 못 미치는 작은 냉장고가 주류를 이루었다.

그 다음 시기에는 백색가전, 일반냉장고라는 초기 형태에서 발전하여 냉장력과 냉동력 기술의 분리와 함께 외형의 분화가 일어나게 된다. 즉 기존에는 존재하지 않았던 김치냉장고, 와인냉장고, 화장품냉장고와 같은 특수화된 형태가 등장했으며, 상냉동 · 하냉장의 일반형 구조에서 좌냉동 · 우냉장의 양문형 구조로 바뀌고 단순 백색가전을 벗어나 다양한 색과 무늬가 활용되기 시작했다. 이와 함께 기존 제품과 차별화하기 위해 고급화를 꾀했으며 실용적인 기능도 강조되기 시작했다.

냉장고의 외형 변화와 기능 분화는 냉장고가 갖추어야 하는 기술의 발전으로 이어졌는데 무엇보다도 대용량 냉장고를 만들 수 있게 되면서 700L가 훨씬 넘는 대용량 냉장고가 생산되었다. 또한 냉각기와 관련하여 인버터 리니어 컴프레셔를 장착하여 절전 효과를 가져왔다.

초기의 핵심 역량인 냉장 · 냉동력 역시 냉장고 안의 제품을 생각하는 기술로 발전되어, 냉장실과 냉동실 간의 음식이 섞이는 것을 방지하기 위해 더블 쿨링 시스템을 활용하고 있으며, 이는 냉장 전용 쿨링 시스템과 냉동 전용 쿨링 시스템으로 진화하고 있다. 뿐만 아니라 비타민실, 야채 · 과일 전용실 등 기술개발을 통해 냉장고 안의 각 부분을 특화시키고 있다.

그렇다면 우리나라에서 냉장고의 변천 과정이 어떻게 진행되었는지 좀 더 자세히 살펴보도록 하겠다.

1970-1980년대는 냉장고가 보편화되던 시기(제1세대)로, 이때는 핵심 속성을 강화하여 냉장고의 냉장력을 놓고 경쟁을 했으며 가장 냉장력이 센 냉장고가 우수한 냉장고로 인식되었다.

이어 1990년대는 냉장고 용량의 확대 시기(제2세대)로 일반 냉장고의 용량 확대 경쟁이 활발하게 이루어졌다. 1980년대 말까지만 해도 200L대의 냉장고가 주를 이루었으나 1990년대에 들어서면서 300L대로 점점 더 커지게 되었고 1990년대 중반에는 500L까지 용량이 커졌다. 500L 냉장고 출시 이전까지는 냉장고의 용량이 급속하게 확대된 반면 500L 냉장고 출시 이후로는 냉장고의 용량 확대 경향이 일시적으로 정체하는 모습을 보였다. 2003년 양문형 냉장고(SBS 냉장고)는 700L가 넘는 초대용량으로 판매되었지만 일반형 냉장고는 여전히 500L대가 대부분이었다. 그러나 대용량 냉장고에 대한 소비자들의 욕구는 이후에도 지속적으로 커져서 2007년에는 650-700L대의 제품이 가장 많이 판매되었다.

용량의 확대와 더불어 1990년대 중반 이후에는 용도를 중심으로 한 냉장고 니치 마켓(niche market)이 활성화되었다. 즉 김치의 보관과 숙성을 위한 김치냉장고, 화장품 전용 보관을 위한 화장품냉장고, 반찬을 보관하기 위한 반찬냉장고, 와인을 좋은 상태로 보관하기 위한 와인냉장고 등 전문적인 보관을 위한 냉장고들이 출시됨에 따라 냉장고의 분화(divergence)가 일어나게 되

〈그림 Ⅱ-13〉 냉장고 시장의 진화

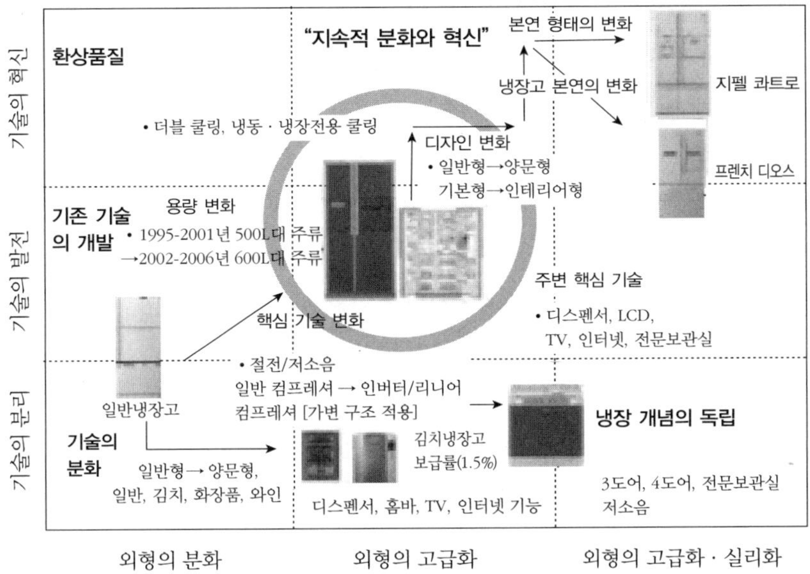

었다.

1990년대 후반부터 현재까지는 냉장고의 제3세대로, 냉장고의 고급화 · 브랜드화가 진행되는 시기라고 할 수 있다. 삼성전자의 '지펠'과 LG전자의 '디오스' 등 고급 냉장고를 둘러싼 경쟁이 치열해졌고, 기존의 일반형 냉장고보다 양문형 냉장고가 많은 인기를 끌고 있다. 따라서 냉장고 시장도 고급형 중심으로 바뀌고 있으며 광고도 고급스러움과 세련됨을 강조하는 방향으로 만들어지고 있다. 양문형 냉장고가 국내에 출시된 지 10년이 되자 이를 기점으로 하여 삼성전자에서는 '지펠 콰트로', LG전자에서는 '프렌치 디오스' 등 4도어, 3도어 제품을 출시하였다. 이러한 냉장고 본연의 기능에 충실한 제품의 출시와 함께 현재는 홈네트워크 시대에 맞추어 인터넷냉장고, TV 냉장고 등을 출시하고 있으며, 가전제품의 디지털화 · 고급화는 앞으로도 계속될 것으로 보인다.

(2) 냉장고 수요 변화의 주요 원인 분석

냉장고의 보급률은 이미 100%를 넘어섰으며 냉장고를 두 대 이상 보유한 가구도 점점 늘고 있다. 불과 몇 년 전만 해도 냉장고 안에 김치를 보관하는 것을 당연하게 여겼지만 이제는 김치를 김치냉장고에 보관해야 한다는 인식이 정립되고 있으며, 김치냉장고는 더 이상 선택가전이 아닌 필수가전으로 자리를 잡아 가고 있다.

냉장고 수요의 변화를 살펴보면 1990년대 들어서서 1997년까지는 매년 약 180만 대의 수요를 보이고 있다. 1994년에 만도가 '딤채' 라는 김치냉장고를 처음 출시하여 김치냉장고를 포함한 냉장고 전체 수요가 조금 증가했으나, 경기 불황으로 수요가 다소 감소하는 모습을 보이다가 1998년에는 IMF의 영향으로 냉장고 총수요가 120만 대까지 급격히 줄어들었다. 그러나 이후 경기가 회복되면서 냉장고 수요가 점차 증가하여 지금은 300만 대 정도로 늘어났다. 이렇게 냉장고 수요가 증가한 것은 김치냉장고와 양문형 냉장고가 보편화되었기 때문으로 볼 수 있다.

양문형 냉장고는 1997년 국내 기업으로는 처음으로 삼성전자가 '지펠' 을 생산했는데, 당시만 해도 월풀과 GE 등의 외산 냉장고가 국내 시장의 80% 이상을 차지하고 있었다. 이후 1998년에 LG전자에서 '디오스' 가 출시되었고 3년 후인 2001년에는 외산의 점유율이 7%로 크게 낮아졌다. 대우일렉트로닉스도 '클라쎄' 를 출시하여 양문형 냉장고 경쟁에 가세했으며, 기존 외국 업체들도 꾸준히 신제품을 출시하여 양문형 냉장고 시장을 둘러싼 경쟁은 매우 치열한 양상을 보이고 있다.

양문형 냉장고와 더불어 냉장고 전체 수요를 증가시킨 김치냉장고는 우리의 전통 문화와 기술이 접목된 토종 가전의 첫 성공사례라는 평가를 받고 있다. 김치냉장고는 사계절 내내 자동 온도조절을 통해 가장 좋은 김장 김치의 맛을 유지시켜 주고, 아파트에 살거나 항상 맛있는 김치를 먹기 위해 매번 조금씩 김치를 담그는 번거로움을 피할 수 있어 주부들로부터 각광을 받고 있다.

1994년 11월 만도가 김치냉장고 '딤채'를 처음 선보였을 때는 1995년 한 해 동안 약 4,000대밖에 팔리지 않았으나 해가 갈수록 그 수요가 크게 증가하기 시작하였다. 만도공조에 이어 삼성전자와 LG전자, 대우일렉트로닉스 등 주요 가전업체들과 20여 개의 중소기업들이 가세해 김치냉장고 시장은 1990년대 후반기 이후 우리나라에서 가장 뜨거운 가전 시장으로 떠오르기 시작하였다.

김치냉장고 시장은 1999년 삼성전자와 LG전자가 김치냉장고 시장에 본격적으로 뛰어들었을 때에는 60만 대 수준이었는데, 이듬해인 2000년에는 약 90만 대, 2001년에는 100만 대를 돌파하여 120만 대 규모로 크게 확대되었다. 2003년 2월 4일자 『국민일보』에 의하면 가구당 김치냉장고 보급률은 2001년 20%를 넘어섰으며, 2002년에는 약 30%에 이르렀다고 한다. 이렇게 증가하던 김치냉장고 수요는 2004년을 기점으로 하여 답보상태에 이르게 되는데 이는 시장이 기존의 신규수요도 더 이상 탄력을 받기 어렵게 되는 성숙기로 진입했기 때문이다. 따라서 향후에는 김치냉장고는 일반 가정에서의 신규수요보다는 대체수요 또는 중복수요에서 상당한 강점을 나타낼 것으로 생각된다.

(3) 냉장고는 주부의 얼굴

주부들에게 주방은 자존심이며 냉장고는 주부들의 얼굴이라고 할 수 있다. 요즘은 양문형 냉장고가 없으면 소외감을 느낀다는 말이 있을 정도로 정도로 양문형 냉장고가 보편화되고 있다. 보급 초기에 양문형 냉장고는 주부들의 자존심을 세워 주는 일종의 '부'의 상징으로서 인식되었는데, 실제로 2000년대 초반 양문형 냉장고 광고를 보면 주부들의 소유욕을 자극하는 광고들이 주를 이루었다. LG전자의 '디오스'는 심은하를 캐스팅하여 조수미의 감미로운 음악을 배경으로 목욕을 하면서 '여자라서 행복해요'라고 이야기하는 광고를 내보냈는데 당시 이 말이 유행어가 되기도 했다. 삼성전자는 이영애를 내세워 '지펠은 사랑입니다'라고 말하며 '지펠'의 세련되고 현대적인 이미지를 강조하기도 했다. 이러한 광고들은 '사랑'과 '여자의 행복' 을 주제로 하여 사랑받는 아내, 행복한 아내라면 양문형 냉장고를 가지고 있다는 생각을 주부들의 마음속에 불러일으켜 양문형 냉장고가 널리 보급되는 데에 큰 역할을 했다. 이후 대우일렉트로닉스가 2003년 2월 '클라쎄' 를 출시하면서 양문형 냉장고 시장의 경쟁은 더욱 치열해졌다.

양문형 냉장고는 크게 인테리어형과 일반형으로 나눌 수 있는데, 일반형이란 기존의 백색가전을 뜻하는 아이보리색 냉장고를 말하고 인테리어형은 색이나 재질이 기본형과 차이가 있는 제품을 말한다. 2001년에 나온 '인테리어 지펠' 은 전면이 우아한 색상의 강화 유리, 티타늄 등으로 되어 있고 도어 패널도 다양한 컬러로 쉽게 바꿀 수 있도록 했다. 이러한 제품은 집 내부의 인테리어를 바꿀 때 냉장고 전체를 바꿀 필요 없이 일부분의 색깔을 바꿈으로써 새로운 냉장고를 산 것 같은 효과를 주어 소비자들로부터 좋은 반응을 얻고 있다. 게다가 LCD 창, 홈바, 디스펜서 등 냉장고 내부기능의 개발은 어느 정도 한계에 도달했기 때문에 향후 경쟁력이 있는 부분은 냉장고의 외적인 부분이며, 고급 디자인을 선호하는 고객들의 성향에 따라 디자인 경쟁 역시 앞으로 더욱 치열해질 것으로 보인다.

양문형 냉장고가 출시된 지 10년을 맞아 이제는 양문형 냉장고를 뛰어넘는 새로운 형태의 냉장고가 속속 출시되고 있는데 바로 '지펠 콰트로' 와 '프렌치 디오스' 이다. 과거 냉장고가 냉장고와 냉동고라는 2개의 독립된 공간으로 이루어졌다면 지펠 콰트로와 프렌치 디오스는 냉장고의 공간을 각각 4개, 3개로 나누어 냉장 · 냉동고 기능을 분리하여 활용할 수 있게 했다.

(4) 한국인의 자랑스러운 김치냉장고

김치냉장고, 화장품냉장고, 반찬냉장고, 와인냉장고, 차량용 냉장고, 혈액냉장고 등 예전에는 듣도 보도 못한 냉장고들이 속속 등장하고 있다. 예전에는 냉장고가 한 집에 한 대였지만 이제는 다양한 전문 냉장고가 보편화됨에 따라 한 가구당 여러 대의 냉장고를 소유하는 시대가 왔다.

이러한 전문 냉장고 중에서도 김치냉장고는 침체된 가전 시장에 활력소가 되었을 만큼 큰 인기를 끌었으며, 마당에 장독대가 없더라도 김치를 맛있게

〈그림 Ⅱ-14〉 냉장 보관 개념의 변화

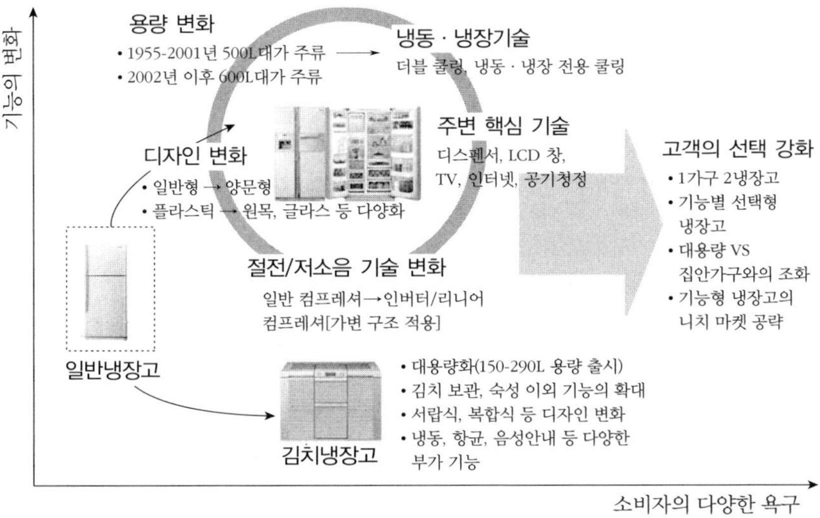

보관할 수 있어 식생활 문화에 큰 영향을 미쳤다. 이러한 김치냉장고의 인기 비결은 일반 냉장고와는 비교할 수 없는 탁월한 보관 기능에 있다. 전문가에 따르면 김치는 섭씨 0.5도로 보관할 때 가장 맛이 좋다고 하는데, 이것이 바로 겨울철 김장독에 넣어 땅속에 보관하는 온도라고 한다. 이를 위해 김치냉장고는 땅속에 장독을 묻는 것과 같이 냉매를 이용해 내부 벽면 자체를 차갑게 하는 방식을 채택하여 구조도 대개 상부 개폐식으로 만들어 찬 공기가 밖으로 나가지 못하도록 했다. 또한 김치냉장고의 보관 영역이 단순히 김치에 그치지 않고 과일, 채소, 육류와 어류, 곡식 등으로 확대되어 가정 내 복합저장고로 큰 인기를 끌고 있다.

현재 김치냉장고 시장은 만도공조의 '딤채'를 필두로 삼성전자의 '하우젠', LG전자의 '디오스 김장독'이 3파전을 벌이고 있으며 여기에 대우전자, 동양매직, 롯데기공 등 후발업체들이 가격 경쟁력을 앞세워 가세하면서 치열한 판매 전쟁을 치르고 있다. 이렇게 경쟁이 치열해짐에 따라 선두업체들은 점차 김치냉장고의 기능화 · 고급화 · 대형화를 꾀하고 있다.

특히 만도의 '딤채'는 김치냉장고 시장에서의 시장 선점 효과를 통해 삼

〈그림 Ⅱ-15〉 김치냉장고의 용도 변화

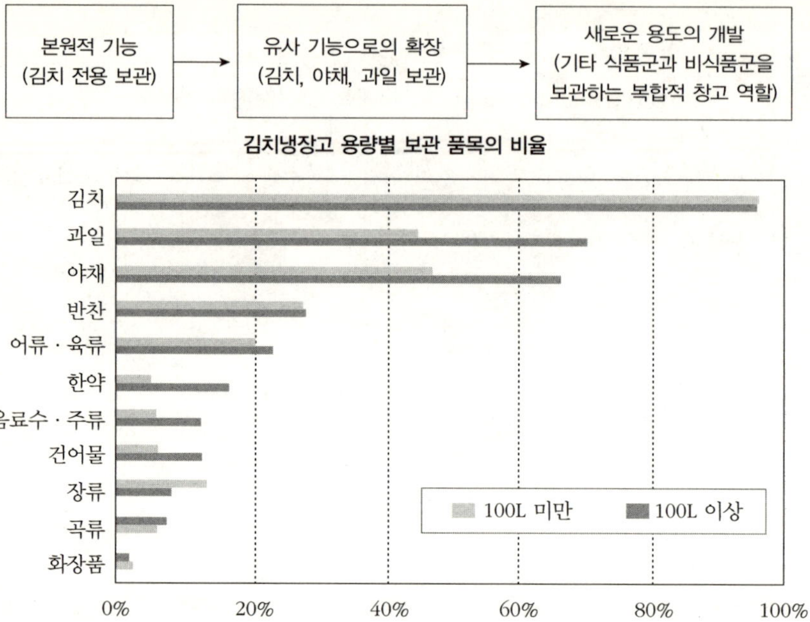

성전자와 LG전자에 맞서 업계 1위를 지키고 있다. 만도는 에어컨이 판매되는 여름과 겨울의 매출 차이가 너무 크자 겨울용 상품으로 김치냉장고를 개발하기에 이르렀는데, 김치냉장고는 만도가 자동차 에어컨을 만들면서 축적한 냉각 기술을 가장 잘 활용할 수 있는 제품이기도 했다. 1995년 만도가 첫 제품을 출시하기까지 2년 동안 수만 포기의 김치를 담그는 실험을 통해 기존 일반 냉장고와는 달리 겨울철 김장독처럼 김치통 자체를 냉각시키는 새로운 냉각 방식을 고안해 냈다. 이러한 기술력을 뒷받침한 것은 바로 적절한 마케팅 전략인데, 당시 김치냉장고가 워낙 실험적인 제품이었기 때문에 대규모 마케팅이나 광고를 시도하는 것은 무리라고 판단하여 만도에서는 2,000여 명의 주부들에게 3개월간 무료로 사용하도록 하고 사용 후 구매 의사가 있는 사람들에게 50%의 가격으로 판매한다는 조건으로 처음 선을 보였다. 그중 불량품을 받았던 13명을 제외하고는 모두 김치냉장고 구매 의사를 보였고, 이후 주부들의 입에서 입으로 전해져 한동안은 주부들 사이에서

〈그림 Ⅱ-16〉 김치냉장고의 미래 시장 분석

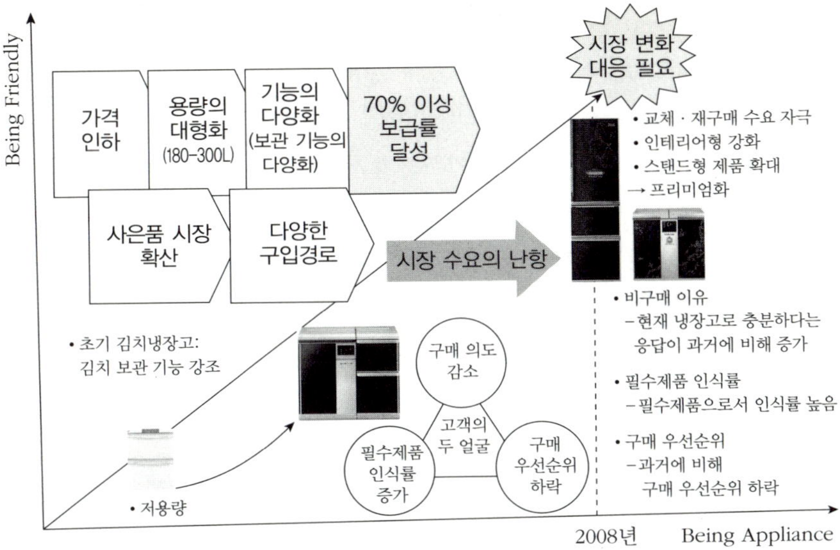

딤채계를 만드는 것이 유행이 될 정도로 큰 인기를 끌었다. 또한 시판 초기부터 구매력이 강한 서울 강남 지역을 집중 공략하는 등 브랜드 가치를 높이는 데 주력하여 김치냉장고를 사는 주부가 중산층 이상의 주부라는 이미지를 심는 데 성공하였다.

그러나 김치냉장고는 앞서 언급했듯이 성숙기 시장에 이르러 신규수요의 규모가 줄어들면서 이제는 대체수요와 중복수요에 대해 기대를 걸고 있는 실정이다. 김치냉장고를 구매하지 않는 고객의 경우 현재의 냉장고로 충분하다는 인식을 갖고 있기 때문으로 파악된다. 따라서 이러한 김치냉장고 시장의 정체를 돌파하기 위해 제품의 다변화 노력이 이루어지고 있는데 김치냉장고에도 냉장고와 마찬가지로 인테리어형 라인을 출시하여 디자인 요소를 강화하고 있으며, 스탠드형 김치냉장고를 통해 성숙기 시장에서 재구매 · 교체 수요의 창출을 도모하고 있다. 스탠드형 김치냉장고의 경우 2002년 LG전자에서 처음으로 출시했으나 큰 주목을 받지 못하다가 2007년에 삼성과 만도가 경쟁에 합류하면서 정체된 김치냉장고 시장의 새로운 성장동력으로 자리

잡고 있다. 2006년까지 LG 디오스만 단독으로 스탠드형 김치냉장고를 판매했는데, 당시까지만 해도 판매량이 연간 약 7만 대 수준이었으나 2007년 삼성전자와 만도가 참여하면서 약 15만 대 이상으로 시장이 확대되고 있다. 회사별로 스탠드형 김치냉장고의 판매 비중을 보면 2007년에 삼성전자 30%, LG전자 40%, 만도 10%로 점차 증가하는 추세를 보이고 있다. 이처럼 다양한 방식의 김치냉장고 프리미엄화를 통해 대체수요와 중복수요를 창출할 수 있을 것으로 보이지만 향후에는 시장에 대한 보다 입체적인 대응 변화가 필요할 것이다. 즉 단순히 대용량화하는 것이 옳은 것인지 또는 시장의 성장에 따라 기존 냉장고와의 자기잠식 효과(cannibalization effect)가 있는지에 대해서도 확인해야 할 것이다.

또한 김치냉장고는 필수제품 인식률은 높으나 과거에 비해 구매 우선순위가 낮아져 답보 상태를 보이고 있다. 따라서 새로운 수요를 창출하기 위한 절실한 노력이 필요한데 그중 하나의 돌파구로서 수출 시장을 들 수 있다. 김치냉장고는 미국과 일본에 수출되는 효자 상품이며 중국 대륙에 한국식 파오차이(泡菜) 열풍이 불고 있는 것과 더불어 삼성전자, 만도 등이 중국 시장에 본격적으로 진출할 예정이다. 향후 중국 시장에 성공적으로 진출할 경우 김치냉장고는 '제2의 전성기'를 맞게 될 것으로 기대된다.

2) 세탁기

(1) 국산 세탁기 생산의 역사

국내에서 최초로 생산된 세탁기는 1968년 금성전자가 출시한 '백조'(〈그림 Ⅱ-17〉)라는 제품이다. 이후 1974년 삼성전자에서 '은하'라는 2조식 세탁기를 출시했는데 2조식 세탁기는 세탁조와 탈수조가 분리되어 있는 형태로, 초기의 2조식 세탁기는 물 받기, 세탁, 헹굼과 탈수 각 과정을 수작업으로 선택해야 하는 수동식이었다. 이후 세탁과 헹굼 단계가 자동으로 연결되는 반자동 형태로 개선된 2조식 세탁기가 출시되었다.

1980년대 들어 하나의 세탁조에서 세탁과 헹굼, 탈수 등 전 과정이 자동으로 작동되는 1조식 세탁기가 등장했는데 이것이 지금 우리가 알고 있는 전자동(全自動)세탁기의 효시이다. 이 시기 삼성전자에서 출시한 세탁기 '점보'는 세탁 용량의 대형화를 부각시킨 제품이었다. 이 시기에는 세탁기가 세탁을 대신해 주는 기계라는 사실 자체만으로 소비자에게 어필하던 단계에서 벗어나 세탁기가 소비자에게 제공하는 효용에 대해 관심을 갖게 되었다. 그 결과 1970년대 후반까지만 해도 세탁기 보급률이 10%를 밑돌았던 것에 비해, 1980년대에 이르러 세탁기는 필수 혼수품 목록에 이름을 올리게 된다.

〈그림 Ⅱ-17〉 최초의 국산 세탁기 '백조'

출처: http://blog.daum.net/evada1230

1990년대는 세탁기의 세탁 능력 극대화를 위한 고민과 연구가 활발히 일어난 시기였다. 당시 가전사별로 출시된 세탁기 브랜드를 살펴보면 삼성전자의 '신바람'·'수중강타', 금성전자의 '터보'·'통돌이', 대우전자의 '공기방울' 등 저마다 세탁 효과를 증대하기 위해 고안한 고유한 기술력을 강조하고 있음을 알 수 있다. 본원적인 세탁 효과 강화에서 한 발 더 나아가 부가적인 효용에 대한 관심도 높아졌는데, 이불이나 실크, 울 소재 의복 세탁 기능을 지원하고 미리 설정된 다양한 세탁 코스를 간편하게 선택할 수 있는 등 소비자 편익을 높인 제품들이 속속 출시되었다.

2000년대 들어서는 웰빙 바람과 높아진 건강에 대한 관심에 부응하는 세탁 기능들이 선을 보였다. 세제 없이도 세탁이 가능한 대우전자의 '마이더스' 무세제 세탁기는 수질 오염에 대한 부담을 해결하고 아토피로 고민하는 소비자들을 옷감에 남아 있는 세제 잔여물 걱정에서 벗어나게 해 주었다. 더불어 2000년대의 세탁기 시장은 가정 내 세탁을 단지 '더러움 제거'라는 개념에서 '옷의 관리'라는 개념으로 획기적으로 변화시키는 계기를 맞게 되었는데, 이는 국내 가전사들이 드럼세탁기의 양산에 들어간 것을 의미한다.

(2) 드럼세탁기 시장의 출발

2002년 1월 '트롬', 그리고 같은 해 8월에 '하우젠' 드럼세탁기가 출시되었을 때 국내 세탁기 시장은 전자동세탁기가 대부분이었고, 서구권에서 생활한 경험이 있는 사람들 또는 고소득층 일부에서 매우 한정적으로 드럼세탁기를 보유하고 있는 상황이었다. 이때까지 시장에서 구할 수 있는 드럼세탁기는 외산 브랜드가 전부였다. 이는 우리나라가 일본을 벤치마킹해 와류식(渦流式, pulsator type) 세탁기[5]를 채택해 온 반면, 유럽에서는 드럼식 세탁기가 보편화되어 있고, 미주에서는 교반식(攪拌式, agitator type)[6] 세탁기가 전통적으로 주류를 이루었지만 유럽 시장을 상대하는 미국 가전사들이 드럼세탁기 제품 라인업을 보유하고 있었기 때문이다.

드럼세탁기는 전자동세탁기와 비교해 장점과 단점을 모두 갖고 있지만, 한눈에 다른 외양을 가진 드럼세탁기는 수십 년 동안 한 가지 종류의 세탁기만 보아 오던 국내 소비자들의 호기심을 자극하기에 충분했다. 더욱이 2005년 유색 드럼 제품이 전격 출시되어 '인테리어 가전'이라는 개념이 도입되면서 전통적으로 '백색가전'으로 불리던 생활가전에 일어난 파격은 소비자로부터 매우 긍정적인 반응을 이끌어 냈다. 특히 세탁물을 넣고 꺼내는 부분이 상부에서 전면(前面)으로 옮겨지고 시각적 요소가 부각되면서 주방 가구의 마감에 맞춰 세탁기를 실내에 설치하는 움직임도 일어났다.

'트롬', '하우젠', '클라쎄' 등은 모두 드럼세탁기 브랜드들인데 이들은 더 이상 삼성, LG, 대우 세탁기가 아니다. 국내 가전사들은 드럼세탁기를 출시하면서 일제히 제조사는 드러내지 않고 브랜드만을 전면에 내세우는 마케

---

5) 세탁조 하부에 있는 회전날개(pulsator)가 회전할 때 생기는 수류가 세탁물에 충격을 주어 세탁하는 방식이다. 세탁력이 좋고 세탁시간이 짧으며, 고장이 적고 가격이 저렴하다는 장점이 있는 반면, 단점으로는 의류의 꼬임 및 손상을 들 수 있다.

6) 세탁조의 중앙에 날개가 붙어 있는 형태로 한 번에 많은 양의 세탁물을 세탁할 수 있고 세탁물의 엉킴이나 손상이 적은 장점이 있는 반면, 세탁조 안에 봉이 있어서 대형 세탁물을 넣거나 빼기가 다소 불편하다는 단점이 있다.

팅 전략을 도입했는데, 이와 같은 전략은 전통 있는 가전사들이 오랜 기간에 걸쳐 축적해 온 네임 밸류를 포기하는 위험을 감수하는 모험이었다. 그러나 동시에 외산 브랜드가 소비자 신뢰를 차지하고 있던 시장에 새로이 진입하면서 국산 제품이라는 이유로 생길 수 있는 소비자의 부정적 선입견을 피해 가는 효과를 거둘 수 있었다. 또한 전자동세탁기와의 브랜드 단절 효과를 극대화하면서 신제품의 혁신성과 차별성을 인상적으로 부각시키는 역할을 했다.

드럼세탁기 시대에 이르러 세탁 기술의 진화에 가속이 붙었는데 2003년에는 첨단 나노(nano) 기술이 세탁기에 적용되었다. 소위 '은나노 기능'이라 불리는 기술은 은나노 입자가 세탁물에 직접 침투해 세탁물을 살균할 뿐 아니라 세탁 후에도 항균 효과가 지속되도록 하는 것이다. 보통은 세탁물을 빨아서 보관한다 하더라도 조금 지나면 갓 세탁했을 때의 산뜻함이 사라지기 마련이어서 별도로 빨래를 삶는 경우가 많았다. 또 낙차를 이용하는 드럼세탁 방식의 경우 상대적으로 세탁력이 약해 물을 일정 온도 이상 데워서 사용해야 하기 때문에 전기 사용료에 대한 부담이 있었다. 그러나 은나노 기술은 차가운 물에서도 세탁물의 세균을 파괴해 삶은 빨래에서나 가능했던 살균, 나아가 항균 효과까지 거두어 세탁에 대해 우리가 갖고 있던 통념들이 바뀌는 시대가 도래했음을 알리는 신호탄이 되었다. 국내에서는 2005년 한국소비자보호원의 시험 결과와 관련한 논쟁으로 그 빛이 바랜 감이 있지만 프랑스, 미국, 영국 등 해외에서는 은나노 세탁 기능에 대한 호평이 이어지며 시장에서의 비중 또한 주목할 만한 성장세를 보이고 있다.

〈그림 Ⅱ-18〉 프랑스 시사주간지 *Le Point*에 실린 은나노 드럼세탁기

Le Point

Lave-linge Silver Nano de Samsung

Le Silver Nano est un lave-linge révolutionnaire qui fonctionne grâce à la technologie du même nom, brevetée par Samsung. Deux plaques d'argent pur, une fois électrolysées, produisent des ions d'argent. Une fois libérés dans le tambour, ces ions le désinfectent et détruisent les bactéries du linge, tout comme les odeurs, et ce même à basse température. Plus besoin de faire bouillir vos vêtements pour obtenir un résultat optimal. Cette technologie va être étendue à d'autres produits de la gamme.

A partir de 549 euros www.samsung.fr

'은나노'에 이어서 2005년 3월에는 삼성전자와 LG전자가 동시에 '스팀 드럼'을 출시하였다. 세탁물에 고온의 스팀을 분사해 물 전체를 덥힐 때보다 전기 사용량을 줄이면서도 삶아 빠는 것 같은 효과를 내고, 구김을 완화하는 효과까지 기대할 수 있게 된 것이다. '스팀 기능'은 '삶아 빨기'라는 우리의 오랜 세탁 행위를 세탁기의 기능으로 끌어들임으로써 소비자에게 친근하면서도 효과적으로 어필할 수 있었다.

2005년 말에 나온 트롬 세탁기의 '에어워시' 기능은 물을 사용해 세탁을 하는 상식을 깨고, 세탁통 안의 온도와 습도를 조절해 공기만으로 탈취 · 살균 세탁을 하는 동시에 진드기까지 제거해 주는 것이다. 이 덕분에 물빨래가 곤란했던 종류의 의복을 집에서 손쉽게 관리하는 것이 가능해지고, 아토피에 특히 좋지 못한 침구류의 진드기 문제까지 해결할 수 있어, 공기 세탁이 향후 시장과 소비자의 세탁 행태에 얼마만큼 영향을 미치게 될지 귀추가 주목되고 있다.

위에서 살펴본 바와 같이 드럼세탁기의 세탁 기능 발전과 변화상이 여느 첨단 IT 제품 못지않은데 이 모든 것이 2002년 국내 가전사가 처음으로 드럼세탁기를 시장에 내놓은 지 불과 3년 동안에 일어난 일들이다. 유럽과 미주의 경우 건조 기능을 지원하는 건조 겸용 드럼세탁기에 주력해 온 반면, 국산 드럼세탁기는 짧은 역사에도 불구하고 소비자에게 새로운 세탁 행태를 제시하는 혁신적인 기술을 개발해 냈다. 이러한 기술적 성과를 바탕으로 국산 드럼세탁기들은 해외 시장에서도 자체 브랜드를 단 제품으로 당당하게 품질과 성능을 인정받고 있다.

(3) 세탁기 시장의 세대교체

최근 15년간 국내 세탁기 시장의 연간 규모는 IMF 직후인 1998년 90만 대 수준으로 급감한 때를 제외하고 평균적으로 135만 대를 상회했다. 전자동세탁기가 세탁기 전체 수요의 거의 전부를 차지하다가, 국산 드럼세탁기가 처음 출시된 2002년을 기점으로 드럼세탁기와 전자동세탁기로 시장의 수요가 나누어지게 되었다. 〈그림 Ⅱ-19〉를 보면 드럼세탁기의 비중이 빠른

〈그림 Ⅱ-19〉 드럼세탁기와 전자동세탁기의 구매비중 추이

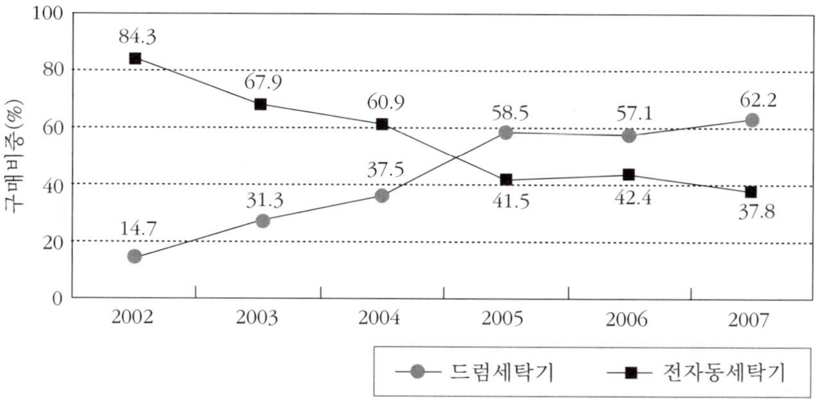

속도로 성장하여 2005년에 처음으로 전체 세탁기 수요 중 과반수를 차지했으며, 2007년에 이르기까지 꾸준히 증가하였다.

향후 세탁기를 교체할 때 어떤 종류의 세탁기를 구입할 것인지를 묻는 서울대학교 경영연구소 소비자 의도 조사에서는 드럼세탁기와 전자동세탁기 간의 의도 비중이 약 8:2 정도로 나타났다. 실제 구매는 응답보다 보수적으로 일어난다는 점을 감안하더라도 세탁기 시장의 중심이 전자동세탁기에서 드럼세탁기로 옮겨 간 것은 분명해 보인다.

드럼세탁기 보유자를 대상으로 세탁기 구매 이유를 조사한 결과를 살펴보면, 옷감 손상이 적고 삶는 효과를 얻을 수 있으며 은나노 · 스팀 · 에어워시와 같은 프리미엄 세탁 기능 지원 등 세탁의 본원적 혜택의 강화 때문이라고 한 응답자가 과반수를 차지하였다. 새로운 방식의 세탁기라는 점, 고급스러운 외관, 디자인과 컬러 등 감각적 요소에 대한 동기도 36% 정도의 응답을 얻었다. 이는 새로운 기능이 제공하는 세탁 효과에 대한 믿음이 전제된 신제품에 대한 호기심이 드럼세탁기의 구매 결정에 영향을 미치고 있는 것으로 보인다.

연도별로 살펴보면 2002년 1월 최초의 국산 드럼세탁기 '트롬'이 출시되었으며 같은 해 8월 '하우젠' 드럼세탁기가 시장에 선을 보였다. 그리고 2003년 8월 '은나노' 드럼세탁기, 2004년 10월에는 '클라쎄'가 합세했으

〈그림 Ⅱ-20〉 하우젠 은나노 에어워시

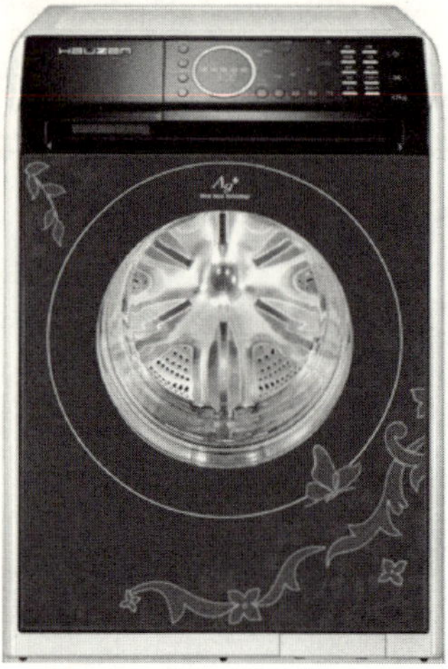

며, 2005년 3월에는 '스팀' 드럼세탁기가 나왔다. 2005년 6월에는 기존의 백색가전 이미지에서 탈피해 최초로 파랑, 검정 등 컬러 드럼세탁기가 선을 보였고, 2005년 11월에는 공기로 세탁하는 '에어워시' 기능의 드럼세탁기가 출시되었다. 이후 2006년 9월에는 트롬에서 알러지 케어 세탁기가 출시되었고, 2007년 6월 진동을 줄인 세탁기가 출시되었으며, 2008년 2월에는 하우젠 청정헹굼 세탁기가 출시된 바 있다.

전통적으로 세탁기를 비롯한 내구재 시장에서는 제품의 수명이 교체수요 형성에 절대적인 영향을 미친다. 실제로 서울대학교 경영연구소에서 실시한 2007년 상반기 소비자 조사에 따르면 기존에 쓰던 세탁기를 교체하려고 마음 먹게 되는 가장 큰 동기는 여전히 '제품 수명'(57%)으로 나타났다. 그러나 신제품 이슈에 해당하는 새로운 형태, 프리미엄 기능, 디자인 때문에 세탁기를 교체하게 된다는 응답도 해마다 가파르게 상승하여 2007년에는 무려 27%를 기록하였다. 특히 2005년 한 해 동안 '스팀'과 '에어워시'와 같이 굵직한 신제품 이슈들이 잇따르면서, 2006년에 이르러서는 프리미엄 세탁 기능에 대한 구매 동기가 새로운 세탁기 형태인 드럼에 대한 구매 동기를 처음으로 앞질러, 새롭게 발표되는 신제품 이슈들에 대한 소비자들의 높은 관심을 반영했다.

(4) 세탁기 시장의 오늘과 내일

최근 드럼세탁기 시장의 성장과 함께 형성되고 있는 국내 세탁기 시장의 흐름을 짚어 보도록 하자.

첫째, 소비 전반에 걸쳐 일어나고 있는 '가치소비' 성향이 세탁기 시장에서도 나타나고 있다. 자신에게 극대화된 만족을 제공하는 제품을 합리적인 가격

〈그림 Ⅱ-21〉 세탁기 시장의 변화

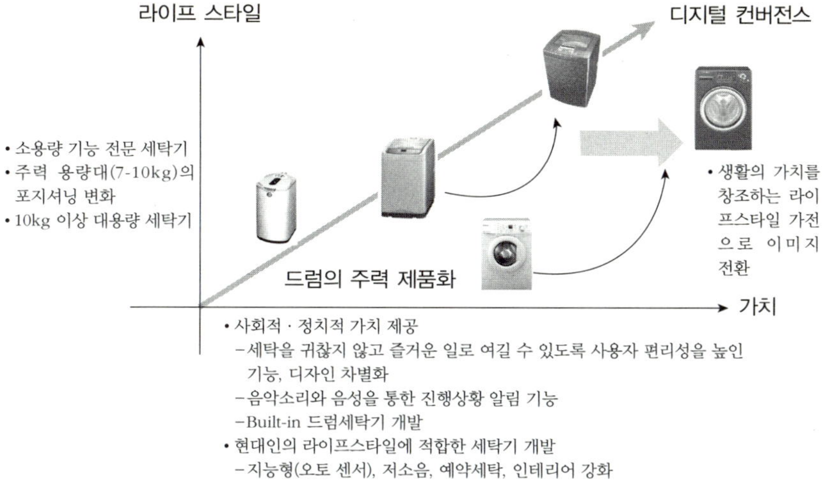

에 소비하고자 하는 가치소비는, 세탁기를 보는 관점을 저렴한 가격에 구매하여 단순히 세탁 문제를 해결하고자 하는 내구재에서 자기 만족을 위해 투자할 만한 또 하나의 소비 대상으로 변모시켰다. 물론 여기에는 소비자들의 구매 욕구를 자극할 만한 참신하고 혁신적인 제품의 개발이 뒷받침되었다.

서울대학교 경영연구소의 소비자 구매 의도 조사에 따르면 향후 세탁기를 구입할 때 드럼세탁기를 사고자 하는 사람(약 84%) 중 약 98%가 은나노 · 스팀 · 에어워시와 같은 프리미엄 세탁 기능을 지원하는 세탁기 구매를 고려하는 것으로 나타났다. 이는 전자동세탁기에서 드럼세탁기로, 또 드럼세탁기 내에서도 비교적 고가이지만 뛰어난 부가 혜택을 제공하는 제품을 선택하려는 소비자들이 크게 늘고 있음을 보여 준다. 이들은 절대적 가격보다는 가격 대비 제품이 제공하는 효용을 중시하며, 그런 의미에서 소위 '대중적 명품(masstige)' 을 선호한다.

드럼세탁기는 백색 일색이던 세탁기 외관에 컬러와 문양을 채택하여 시각적 요소를 강화하고, 소비자들이 미처 '상상' 하지 못했던 앞선 기술의 개발을 통해 프리미엄 가전제품으로서 자리를 잡았다. 2007년 9월 기준으로 '트롬' 의 전체 판매량 중 '스팀' 트롬이 차지하는 비중은 40% 수준이었고, 스팀에 비해 상대적으로 늦게 출시된 '하우젠 에어워시' 도 '하우젠' 전체 판매량의 45% 이상을 차지하였다.

둘째, 세탁기를 비롯한 생활가전에 '디자인혁명' 이 일고 있다. 가전도 가구의 개념으로 파악해 전체 주방 공간과 조화를 이루면서 제품 외관의 미적 완성도를 높인 생활가전 라인업이 가전사마다 속속 출시되었다. 삼성전자와 LG전자가 2006년 8월 발표한 슈퍼 프리미엄급 아트 생활가전 '앙드레 스타일' 과 '아트 디오스' 가 그것이다. '앙드레 스타일' 은 이름 그대로 디자이너 앙드레 김의 작업을, '아트 디오스' 는 '꽃의 화가' 라고 불리는 하상림 씨의 작품을 가전제품 전면에 입혔다. 이들 제품은 높은 가격에도 불구하고 고급 유통인 백화점 등을 중심으로 상당한 판매량을 보이며 시장에서 좋은 반응을 얻고 있다. 이 역시 가치소비 풍토와 무관하지 않은 흐름인데, 가전사들은 기술적 우위에 근거한 경쟁력 확보에 머물지 않고 예술계의 장인들과의 '이종결합(異種結合)' 을 통해 생활가전이 창조할 수 있는 새로운 가치와 영역을 탐색하고 있다.

셋째, 가까운 미래에 우리는 가전제품을 더 이상 단품(單品)의 개념으로 생각하지 않게 될지도 모른다. 요즈음에는 가정 내 각각의 가전제품들이 상호 유기적으로 연결되어 네트워크를 이루고, 그 네트워크가 사용자를 케어(care)하는 '생활환경' 을 제공하는 가상관 체험을 심심치 않게 할 수 있다. 미래에는 세탁기와 옷장이 별도의 공간이 아닐 수도 있는데 퇴근 후 돌아와서 드레스룸에 옷을 걸고 '에어워시' 버튼을 누르면 옷장 벽면에서 수증기를 품은 뜨거운 공기가 뿜어져 나와 옷에 밴 냄새며 먼지가 말끔히 없어지는 것이 가능할지도 모른다.[7] 이는 제품의 독자적인 성능도 성능이지만 전체 네트워크 속에서의 관계맺음이 중요해진다는 것을 뜻한다. 따라서 이러한 관계맺음에 있어서 최적의 모양새를 연구하고 더 나은 밑그림을 그리기 위해서 가전사마다 소위 라이프스타일 연구소 내에 태스크포스(task force)와 팀을 조직하여 힘을 쏟고 있다.

가전과 가전이 연결되고 가전에 감성과 사람다운 따뜻한 숨결을 불어넣을

7) 동아일보』, 2006. 7. 24 참조.

가구와 건축이 함께 더해져서, 우리의 물질적 · 정신적 생활환경을 더 풍요롭게 할 수 있는 총체적인 비전이 세워지고 실현될 수 있을 것이다. 그리고 지금 우리는 그 전 단계인 가전과 감성이 접목되는 단계를 지나고 있는데 은나노와 스팀, 에어워시라는 세탁 기술의 혁신이 우리의 세탁 행태와 의생활을 변화시킨 것처럼, 향후 세탁기의 변신이 우리의 생활 전반을 어떻게 달라지게 할지 지켜보자.

3) 에어컨

(1) 에어컨의 역사

에어컨의 역사는 석기시대까지 거슬러 올라가는데 석기시대 사람들이 거주하던 동굴 그 자체가 천연 에어컨의 시초라고 할 수 있다. 또 로마제국에서는 높은 산의 눈을 궁정으로 가져와 시원하게 했다고 하며 19세기 들어서는 말라리아 환자들의 병실 천장에 얼음을 담은 그릇을 매달아놓고 부채 등을 이용해 찬바람을 내기도 했다.

오늘날의 에어컨을 발명한 사람은 바로 미국인 윌리스 캐리어(Willis Haviland Carrier)이다. 캐리어는 1902년 코넬대학을 졸업한 뒤 바로 뉴욕주(州)의 한 기계설비회사에 입사했는데 브루클린의 한 출판사가 그에게 "한 여름의 무더위와 습기로 종이가 수축 · 팽창하기 때문에 도무지 깨끗한 인쇄를 할 수 없다"는 고민을 털어놓았다. 20대 초반의 캐리어는 너무도 쉽게 해법을 생각해 냈는데 뜨거운 증기를 파이프로 순환시켜 공기를 따뜻하게 만드는 난방이 가능하다면 차가운 물을 이용한 냉방도 가능하지 않겠느냐는 발상을 한 것이다. 이렇게 출판사 인쇄공장에 에어컨이 처음 설치된 이후 오랜 기간 수요가 없다가, 1920년대 초 뉴욕의 극장과 백화점들이 이를 도입하면서 비로소 확산되기 시작했다. 에어컨이 대중화된 것은 제2차 세계대전 이후로, 미국에서는 1955년 건설업자 윌리엄 레빗이 주택에 에어컨을 기본사양으로 채택하면서 급속히 확산되었다.

(2) 국산 에어컨 생산의 역사

우리나라에서는 범양상선이 1960년대에 일본 다이킨에서 에어컨을 처음 수입하여 판매했고, 경원기계공업이 1960년대 말 청계천에서 미군부대의 고물을 수리 · 판매하면서 '센추리' 라는 에어컨이 탄생했다. 또 1970년대 금성사에서 일본과의 기술제휴로 에어컨을 수입 · 판매했고 대우가 캐리어와 합작해 '대우캐리어' 라는 에어컨 회사를 세우기도 했다.

국내 에어컨 시장은 삼성전자가 에어컨 사업에 뛰어들면서 1980년대 중반부터 본격적으로 형성되었다. 시장 도입기에는 상품력보다는 냉방 기능 자체를 선호했으며, 수요가 공급보다 많아 생산량과 판매량이 동일하였다. 1990년대에 들어서면서 본격적인 에어컨 상품력 경쟁 시대로 진입했는데 범국가적 절전운동에 따라 에어컨에 절전 기능이 추가되었으며, 사용자의 편리성을 증대시키기 위해 자동 온도조절, 리모콘 등 여러 가지 부가 기능이 채용되었다. 또한 이 시기에는 가정과 업소의 수요가 거의 비슷하였다.

1990년 중반부터는 가정용 에어컨을 타깃으로 에어컨의 디자인이 강조되었다. 고광택의 컬러 강판을 사용하고 더블 오토 셔터를 채용했으며, 슬림화 · 콤팩트화로 공간 절약 디자인을 하였다.

〈그림 Ⅱ-22〉 에어컨 연구 · 개발의 트렌드

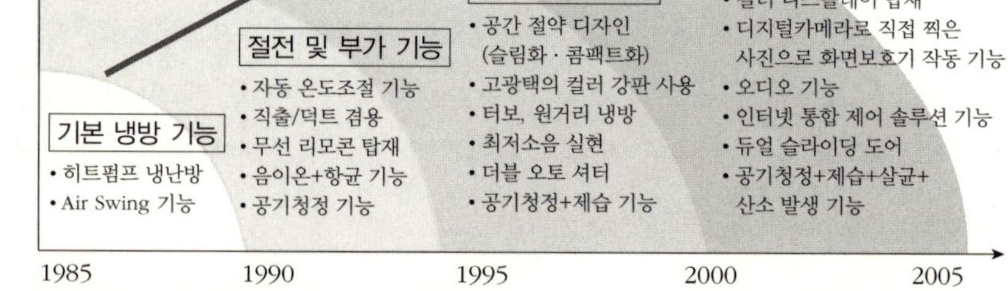

2000년대 이후 에어컨의 디지털 컨버전스 가전으로 진화하고 있는데 에어컨에 컬러 디스플레이어가 탑재된 제품이 등장했으며, 디스플레이를 이용하여 자신이 찍은 사진으로 화면보호기를 작동하는 것까지 가능해졌다. 또한 오디오, 단순 공기청정 기능뿐만이 아니라 제습, 은나노 살균, 산소 발생 기능 등을 채용하여 완벽한 공기청정 기능까지 구사하게 되었다(〈그림 Ⅱ-22〉).

(3) 시장 규모

우리나라의 에어컨 시장 규모는 2007년 판매량 기준으로 약 270만 대 규모이다. 하지만 LG전자 등 국내 가전업체들은 세계 에어컨 시장에서 1위를 차지하고 있으며 세계 에어컨 시장의 약 20%를 판매할 만큼 세계적인 수준에 올라 있다. 국내 에어컨 판매 규모는 2004년 약 130만 대 수준이었는데 이후 내수 시장이 상당히 성장하여 2005년에 약 190만 대, 2006년에는 약 179만 대로 증가했다. 2007년에는 시스템에어컨 53만 대를 포함하여 약 276만 대 수준까지 늘어났다. 이러한 출하량 증가세는 에어컨 보급률의 증가뿐만 아니라 기존의 에어컨을 대체하려는 수요도 늘어났기 때문으로 보인다.

에어컨 보급 형태를 살펴보면, 1990년대에는 10가구당 1대꼴로 에어컨을 보유했으나, 2000년대 이후 급속히 보급되어 2007년에는 국내 가정의 약

〈표 Ⅱ-3〉 에어컨의 생산 · 출하 · 내수 · 수출량

(단위: 대)

구분	생산량	출하량	내수량	수출량
2000	6,553,985	6,034,874	1,223,882	4,810,992
2001	6,833,747	6,744,723	1,487,615	5,257,108
2002	7,474,136	7,455,543	1,741,965	5,713,578
2003	6,672,946	6,937,878	1,505,333	5,432,545
2004	6,420,895	6,652,503	1,302,900	5,349,603
2005. 1-3	1,489,303	1,437,359	413,837	1,023,522
CAGR(%)	-0.5%	2.5%	1.6%	2.7%

출하량 = 내수량+수출량

자료: 통계청, 광고업 동태조사.

〈그림 Ⅱ-23〉 에어컨 보급 추이

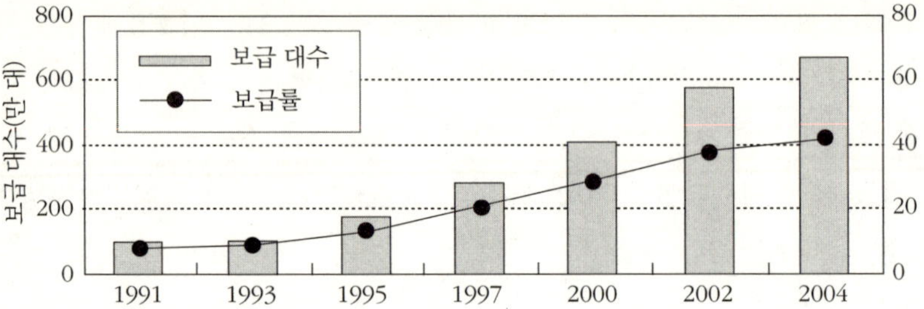

자료: 한국전력거래소(2004).

56%가 에어컨을 보유하고 있는 실정이다. 에어컨 보급률은 지구온난화에 따른 고온 현상 및 소득수준의 향상으로 지속적으로 증가하는 추세를 보이고 있으며 이러한 추세는 계속될 것으로 전망된다. 국내의 에어컨 보급 대수는 연평균 약 16.6%씩 증가하고 있는데 1991년 89만 대, 1993년 97만 대, 1995년 166만 대, 1997년 272만 대, 2000년 398만 대, 2002년 570만 대에 이르렀으며, 2004년에는 2002년 대비 16.1% 증가한 662만 대에 이르렀다(〈그림 Ⅱ-23〉).

(4) 업체 동향

국내 에어컨 관련 사업체 수는 2003년 기준으로 무려 44개사에 이른다. 이 가운데 차량용 에어컨 사업체가 26개사로 가장 많으며, 패키지에어컨 사업체가 10개사, 룸에어컨 사업체가 8개사이다. 현재 국내 에어컨 생산업체에는 LG전자, 삼성전자, 캐리어, 템피아, 대우일렉트로닉스, 위니아만도, 센추리, 린나이코리아, 귀뚜라미, 경동나비엔 등이 있다.

LG전자는 1968년 국내 최초로 에어컨 사업을 시작한 기업으로, 가정용 에어컨 부분에서 2007년 현재 8년 연속 세계 판매량 1위를 차지하고 있다. LG전자는 자사 브랜드 '휘센(WHISEN)' 으로 에어컨을 생산 · 판매하고 있는데 세계 에어컨 시장에서 2000년 410만 대(11.6%), 2001년 490만 대(12.0%), 2002년 670만 대(14.3%), 2003년 800만 대(18.6%)를 판매했으며, 2004년에는 1,012만 대를 판매하여 19.6%의 시장 점유율로 세계 1위를 달

〈그림 Ⅱ-24〉 LG전자 에어컨의 세계 판매량과 시장 점유율

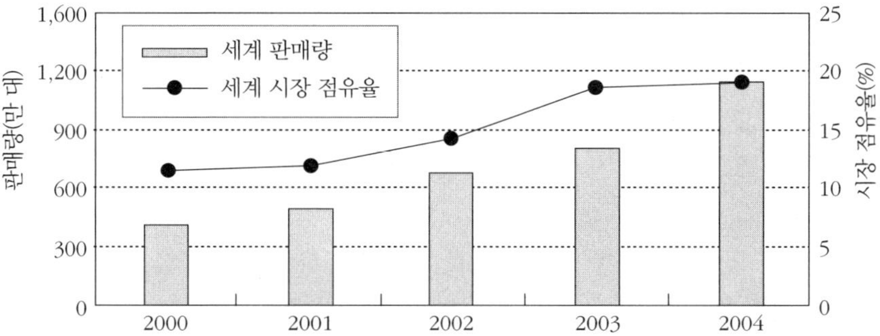

자료: 일본후지경제연구소(2004).

성했다. 이러한 LG전자의 1위 달성의 원동력으로는 해외 생산기지의 효율적인 활용과 지역 차별화 마케팅 전략 성공, 세계 최고의 품질수준 확보 및 고객만족, 세계 최고의 핵심기술 선 확보 및 핵심부품사업 자체 보유 등을 들 수 있다.

LG전자의 에어컨 수출 비중은 약 70% 수준으로 한국 시장보다는 해외 시장에 대한 비중이 높은 편이다. LG전자 에어컨의 2005년 1분기 실적은 6,290억 원으로 2004년 1분기 실적보다 다소 감소하였는데 이는 수출이 4,529억 원으로 전년 동기 대비 24.7% 감소했기 때문이다. 하지만 내수 실적은 전년 동기 대비 66.8% 증가한 1,761억 원으로 크게 호전되었다. LG전자는 2010년 에어컨 매출액 10조 원 달성을 목표로 에어컨 4대 성장 전략을 펼치고 있다. 시스템에어컨의 집중 육성을 통해 시스템에어컨 비중을 현재의 20%에서 60%로 끌어올리고, 가정용 에어컨 시장에서의 확고한 1위를 유지하고, 글로벌 에어컨 생산기지를 확대하는 한편, 지속적인 연구 · 개발(R&D)에 투자할 계획이다. 휘센은 2007년까지 8년 연속 세계 판매 1위(대수 기준)의 대기록을 달성할 만큼 글로벌 브랜드로 확고한 위상을 굳히고 있으며 LG전자의 에어컨 매출액은 2006년 8,363억 원, 2007년 1조 653억 원 등으로 급증하고 있다.

삼성전자는 1974년 에어컨을 생산하기 시작했으며, 1980년 에어컨 사업을 시작하였다. 또한 세계 최초로 오토 셔터 에어컨을 출시했으며, 국내 최초로 DVM(digital variable multi) 에어컨을 개발하였다. 삼성전자의 '하우

젠(HAUZEN)' 은 이탈리아에서 델롱기, 아르고 등 현지 업체들을 제치고 시장 점유율 19.3%로 2년 연속 1위를 차지하였다. 이는 삼성전자의 글로벌 전략인 고가 및 고급화 전략으로 이탈리아 시장에서 인해 삼성전자 가전제품이 명품으로 통하고 있기 때문이다. 2002년 에어컨 생산 1,000만 대를 돌파했고, 삼성전자 에어컨의 국내 시장 점유율은 2006년 41.5%, 2007년에는 소폭 감소한 40.9%를 차지하였다.

(5) 제품 동향

수요가 여름에 집중적으로 몰리는 전형적인 계절 제품인 에어컨은 냉방 기능뿐 아니라 친건강 · 친환경 추구, 인공지능화 등 기능 면에서 진화를 겪었다. 최근에는 이러한 기능적 요소에 더하여 예술적 디자인을 채택하여 집 안에서 가장 눈에 띄는 인테리어 요소의 역할이 부각되고 있는데, 2007년 에어컨의 트렌드 중 가장 큰 특징은 고급스러운 디자인으로 유명 화가나 디자이너의 작품을 에어컨에 넣은 것이다.

각 업체별 디자인 특징을 살펴보면 LG전자는 이상민(유리조각가), 김지아나(공예 디자이너), 하상림(서양화가), 함연주(조형예술가), 수지 크라머(색채예술가), 빈센트 반 고흐 등의 작품이 반영된 신제품을 출시했으며, 한 장의 패널에 조형 작품과 스와로브스키 크리스탈 등을 이용해 입체감을 강조하여 실내 장식적인 기능을 더욱 강화했다. 또한 기존 LCD창을 패널 디자인과 일체화한 '매직 디스플레이' 를 선보였는데 이는 에어컨이 작동할 때만 메뉴가 보이도록 한 것으로 심미성과 편의성을 동시에 고려한 디자인이다.

삼성전자는 작동할 때 냉풍구가 밖으로 열리던 기존 방식과 달리 전면 슬라이딩 도어 방식을 채택해 에어컨 작동 시 외관이 변하지 않도록 했고 온도 변화에 따라 전면부의 꽃이나 나비 문양에 자동으로 빛이 들어오는 '무드라이팅' 을 도입했다.

대우일렉트로닉의 '클라쎄' 의 신제품은 꽃 수술, 갈댓잎 등 편안한 이미지를 전달하는 자연친화적인 디자인을 채택하였다.

<그림 Ⅱ-25> 에어컨 콘셉트의 발전 방향

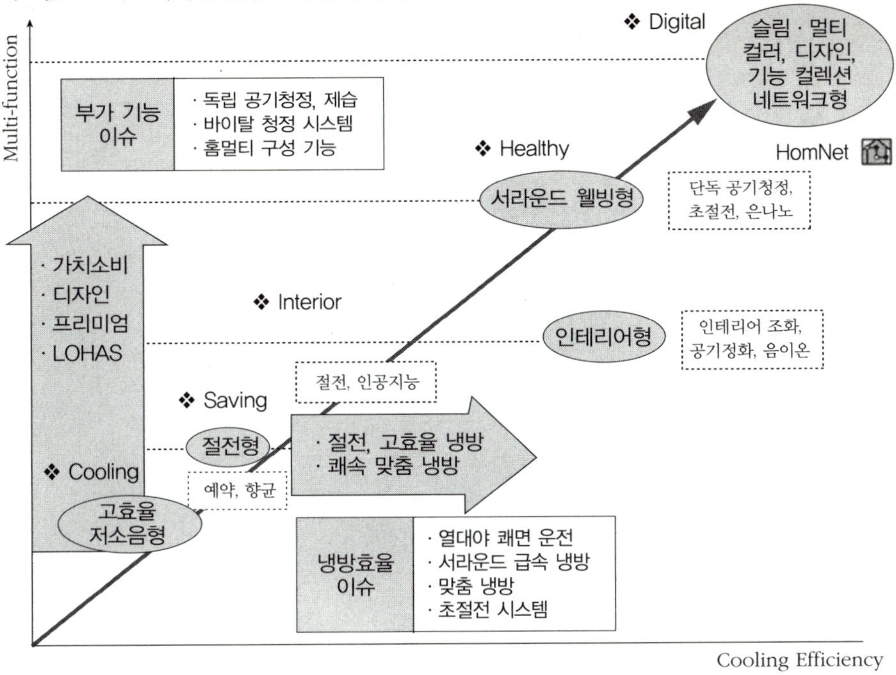

(6) 에어컨의 미래

LG전자는 2006년 7월 미국 인디애나 주 퍼듀(Purdue)대학에서 개최된 세계 유수 에어컨업체들이 참석하는 국제냉동공조학회에서 LG전자 디지털 어플라이언스(DA) 연구소장 하삼철 상무가 '환경을 생각하는 미래의 지능형 에어컨 개발 방향'이라는 주제로 기조 연설을 한 바 있다.[8] 고유가와 환경 규제에 대응하기 위한 에어컨의 최신 기술 트렌드 생활환경을 생각하는 환기 시스템의 개발 방향, 네트워크 솔루션과의 접목을 통한 지능형 에어컨

8) 기조연설은 퍼듀 컨퍼런스 운영위원회가 LG전자 에어컨의 세계적인 기술력을 높이 평가해 이루어진 것으로, 한국인으로서는 최초였다. 캐리어, 다이킨 등 세계적인 공조업체가 참가한 가운데 에어컨의 미래상과 발전 방향을 LG전자가 예측 · 발표함으로써 그 위상을 입증 받았다는 데 의미가 있다.

〈그림 Ⅱ-26〉 고객 가치의 향상

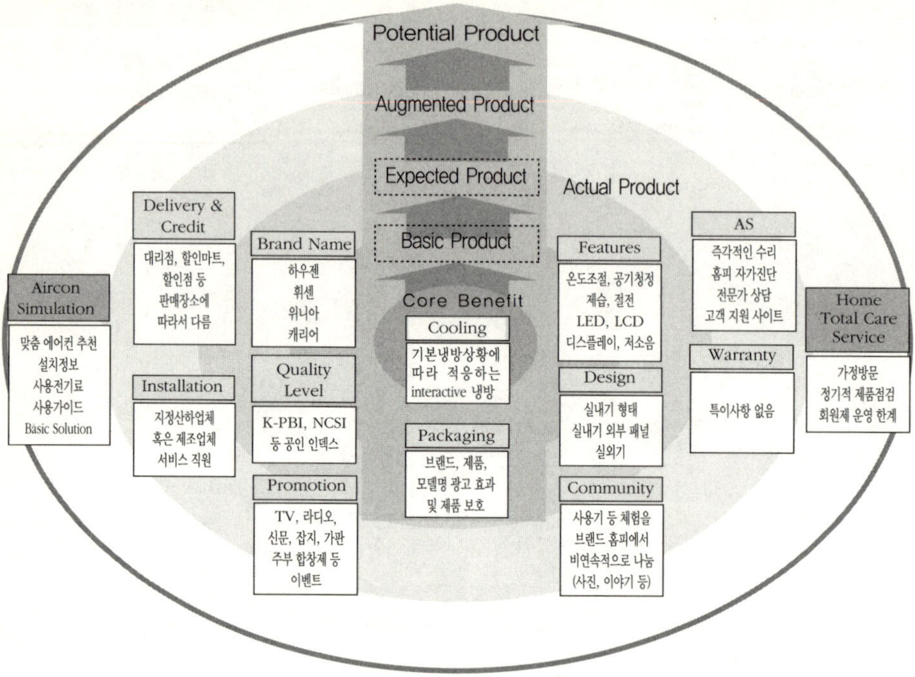

으로의 진화 등이 이 연설의 주요 골자였다. 또한 최근 이슈가 되고 있는 멀티 에어컨의 신기술을 소개했는데, 특히 하 상무는 "지난 100년간 에어컨은 단순히 냉 · 난방기기로서 발전해 왔지만, 미래의 에어컨은 고효율화는 물론 IT 기술을 기반으로 한 네트워크 솔루션과의 융합을 통해 고객과 커뮤니케이션하는 지능형 에어컨이 될 것"이라고 역설했다. 이러한 에어컨 고효율화의 사례로 최근 대형 건물 및 주상 복합건물의 증가와 함께 시장이 확대되고 있는 멀티 에어컨에 대해 소개했다.

또한 상업용 에어컨 시장에서는 지열 등 친환경 에너지를 활용하려는 움직임이 활발히 일어나고 있다. 2008년 LG전자는 '에너지 솔루션 사업'에 본격적으로 뛰어들었는데 에너지 솔루션 사업이란 에어컨을 구입하는 업체에 에너지 절약 컨설팅부터 관련 제품 · 장비, 애프터서비스 등을 종합적으로 제공하는 것을 말한다. 기존의 가정용 에어컨의 경우는 한국전력에서 보내주는 전기를 그대로 이용하지만, 대형 건물에 주로 설치하는 상업용 에어컨의 경우 지열 등 친환경 에너지를 활용해 만들어 낸 전기를 동력으로 쓴다. 이와 관련해 LG전자는 2007년 상업용 에어컨에 장착할 수 있는 '하이브리드 코젠'(천연가스로 전기와 온수를 동시에 생산하는 시스템)과 '하이브리드 지오'(지열 등 신재생 에너지를 적용한 시스템) 등을 내놓았으며 현재 '하이브리드 코젠' 시스템에 바이오 연료 등을 에너지원으로 이용하는 기술도 개발하고 있다. LG전자는 이러한 에너지 솔루션 사업을 통해 현재 에어컨 매출의 30% 수준인 상업용 에어컨 매출 비중을 2010년에는 50%로 높여, 매출 70억 달러를 달성한다는 목표를 세우고 있다.

3 AV 제품: TV

1980년 KBS가 처음으로 컬러 TV 방송을 시작하면서 TV는 각 가정에 급속도로 보급되었다. 1988년 연간 총수요가 200만 대를 돌파했으며 이후 TV는 각 가정에 없어서는 안 될 필수품이 되었다. TV 시장의 변천 과정은 크게 6단계로 구분해 볼 수 있는데 구체적으로 본원적 수요기, 대형화 시기, 암흑기, 양극화 시기, 재도약기, 시장 재편기로 나누어 살펴보겠다.

1) 제1기: 본원적 수요기(-1994)

소비자에게 있어서 이 시기의 TV는 단순히 보고 듣는 기능을 위한 기기였으며, 기업도 이러한 니즈를 충족시키고자 좀 더 선명한 화면에 좋은 소리를 낼 수 있는 TV의 기본적 기능 개선에 주력했다. 이러한 본원적 수요기의 가장 큰 특징은 TV의 총수요가 경제성장률 곡선과 유사하게 변동했다는 것이다. TV 수요가 경기 변동에 민감하게 반응했는데, 경제성장률이 낮아질 경우 소비자들은 구입을 잠시 미루게 되어 수요가 감소하고 다시 경제성장률

〈그림 Ⅱ-27〉 TV 시장의 변천

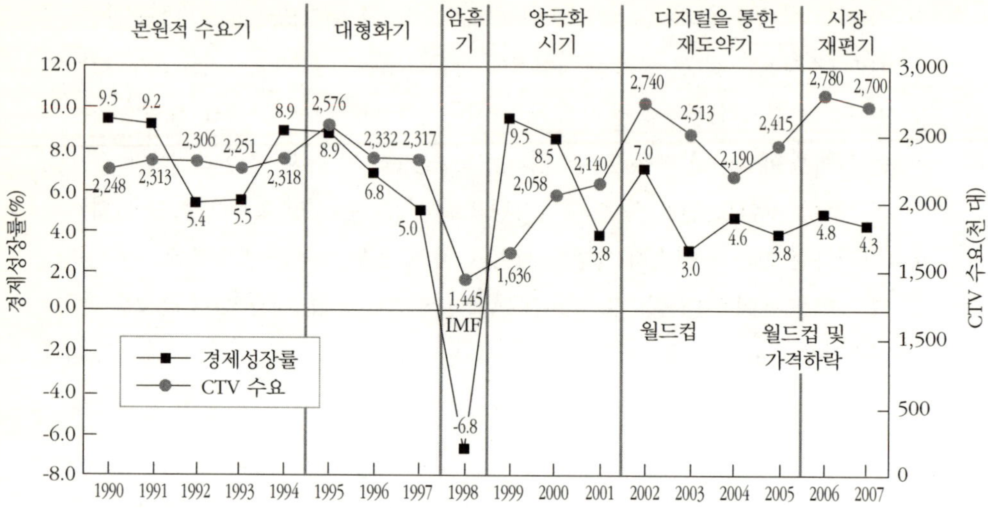

이 높아질 경우 수요가 증대되는 모습을 보였다. 본원적 수요기를 통해 TV는 각 가정에 골고루 보급되었다.

2) 제2기: 대형화 시기(1995–1997)

본원적 수요기의 마지막 시기인 1994년의 TV 시장의 상황을 잠시 살펴보면, 이 시기의 소비자에게는 더 이상 TV 보유 여부가 관심사항이 아니었다. 당시의 가정용 TV의 보급률은 98%에 이르렀으며, 주로 안방에 놓여 있던 TV가 점차 거실에도 놓이게 되어 급기야 안방에 놓이는 TV 비율과 거실에 놓이는 TV의 비율이 동일해졌는데 이는 1가구 2TV 시대가 본격적으로 열리게 된 것을 의미한다.

그렇다면 소비자의 요구는 어떻게 변화했는가를 살펴보자.

제1기로 구분된 본원적 수요기의 특징인 기본 사양에 대한 요구를 넘어서 제2기의 소비자는 새로운 요구를 하게 되는데, 이 시기의 가장 큰 변화 중 하나는 보유 모델의 대형화라 할 수 있다. 1990년에만 해도 10%에도 못 미치던 25-29인치 모델의 구매 비율이 1994년에 들어서면서 처음으로 20-24인치 모델을 넘어서는 역전 현상이 일어나기 시작했다. 1994년에 실시된 한 가전사의 수요 예측 조사를 살펴보면 1995년의 구매 의도율이 20-24인치가 19.0%, 25-29인치가 56.3%로 조사되어 시장에 일대 변화가 일어나고 있음을 알 수 있다. 이러한 TV 시장의 대형화 추세는 TV의 주 시청 장소가 안방에서 거실로 옮겨진 결과라고 해석할 수 있다.

이 시기의 소비자 요구에 부응하기 위해 1995년 출시된 '와이드 TV 명품'은 TV 시장에 새로운 바람을 일으켰다. 이미 98%를 넘는 가구에 TV가 보급된 상태에서, 소비자들은 더 크고 새로운 형태의 TV를 원했는데 이러한 시점에 출시된 '와이드 TV 명품'은 소비자의 요구에 잘 부응하여 큰 성공을 거두었다.

이로써 TV 생산 가전사의 관심은 보고 듣는 것 중심의 본원적 기능에서 더 큰 화면을 제공하는 방향으로 움직이게 되었는데 이러한 대형화 추세는 1997년까지 지속되었다. 1997년 한 가전사의 수요 예측 조사를 살펴보면 1998년 33인치 구입 의도율은 25.3%로 중심 모델인 29인치 구입 의도율인 32.6%에는 못 미치지만 대형화된 TV에 대한 수요가 지속적으로 커지고 있음을 보여 준다. 따라서 가전사들은 대형화만이 치열한 경쟁에서 살아남을 수 있는 가장 명확한 해답임을 인식하고 좀 더 크고 깨끗한 화질의 TV 생산에 박차를 가했다.

3) 제3기: 암흑기(1998)

1998년을 암흑기라고 한 이유는 1997년 11월에 있었던 IMF 구제 금융 신청으로 찾아온 극심한 불황으로 인해 TV 시장 수요가 급격히 줄어들었기 때문이다. 앞에서도 밝혔듯이 TV의 총수요는 경제성장률과 맞물려 변화하기 때문에 1998년에 찾아온 IMF 침체기는 TV 수요를 끝없는 나락으로 떨어뜨렸다. 1988년 연간 총수요가 200만 대를 돌파한 이후 처음으로 연간 총수요가 200만 대 아래인 150만 대까지 떨어졌고 곳곳에서 일어난 구조개혁은 소비심리를 꽁꽁 얼어붙게 만들었다. 이 1년 동안 TV 생산 가전사들은 소비자의 니즈를 찾아내기 위해 필사적으로 노력했으나 워낙 급격한 소비자의 니즈 변화에 쉽게 대응하지 못하고 극심한 불황을 경험하게 되었다.

이러한 암흑기에는 꼭 필요한 경우에만 구매가 일어나기 때문에 이전까지 가장 큰 수요 요인이었던 중복수요가 급격히 감소하는 특징을 보인다. 1997년까지 TV 시장의 가장 큰 성장 요인은 안방에 놓여 있던 TV가 거실에도 놓이게 되면서 발생한 중복수요에 있었다. 그러나 1998년 TV 시장이 암흑기를 거치면서 이러한 중복수요가 급격히 감소하게 되었고, 이는 TV 시장의 전반적인 수요를 감소시키는 결과를 초래하였다.

4) 제4기: 양극화 시기(1999-2001)

IMF 불황은 TV 시장에 새로운 변화를 일으켰다. 이전까지 소비자의 대형화 요구에 부응하여 제품 개발에 박차를 가해 오던 가전사들은 새로운 고객의 니즈를 찾기 위해서 다양한 시도를 하게 되는데, 제일 먼저 있었던 시도는 불황기에 얼어붙은 소비심리를 되살리기 위한 저가형 기본 상품의 개발이었다. 소비자들은 될 수 있는 한 구매를 지연시키고 꼭 사야 할 경우에도 이전처럼 대형화된 제품보다는 필수 기능만 들어 있는 기본형 제품을 요구한다는 사실에 착안한 TV 제조사들은 이전까지 TV에 있던 부가 기능들을 빼낸 저가 위주의 제품들을 차례로 출시하였다. 상식적으로 불황기에 저렴한 제품이 잘 팔리리라는 것은 구태여 소비자의 니즈에 대한 기본 조사가 없더라도 예측 가능했기 때문에 암흑기 직후에 가전사들이 개발한 제품들의 초점이 대부분 여기에 맞추어져 있다.

그런데 암흑기라고 해서 소비자들이 반드시 더욱 싼 제품만을 요구할까? 더욱 싼 제품이라는 것도 사실은 상대적인 개념인데, TV의 가격은 과연 얼마나 더 내려갈 수 있을까? 반면 고가의 TV를 원하는 사람들은 무시해도 좋을 만큼 그 수요가 미미할까? 만일 미미한 수요라도 있다면 그 수요를 자극하여 시장을 키울 수 있는 방법은 없는가?

〈그림 Ⅱ-28〉 TV 수요와 경기의 상관관계

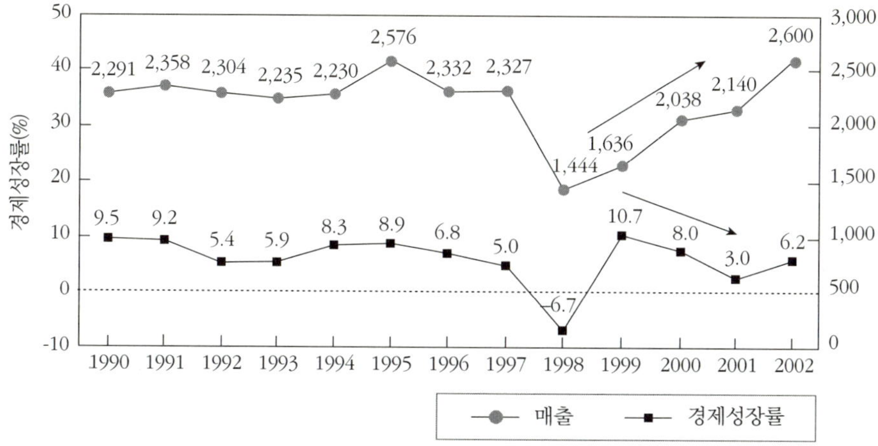

결과부터 말하면 고가의 하이엔드(high-end) 시장의 개발은 이후 TV 시장을 되살리는 원동력이 될 정도로 대성공을 거두게 된다. 이러한 하이엔드 시장의 개발은 수익성이 악화된 시점에서 당연한 결정이라고 여겨질 수도 있다. 그러나 사실 건국 이래 최대 위기였다는 IMF 암흑기에서는 그 누구도 쉽게 하이엔드 시장을 목표로 제품을 출시하자는 주장을 하기는 쉽지 않았다.

하이엔드 시장에 알맞은 TV 생산은 암흑기에 지연되었던 수요가 점차 다시 발생하기 시작할 것이란 전제에서 출발하였다. 전체적으로 시장 규모는 축소되었으나 이미 소비자들은 대형화된 TV에 익숙해져 있기 때문에 IMF라는 불황에 밀려 잠시 그 수요가 정체되었을 뿐 시기상의 문제는 있겠지만 언제라도 원래의 TV 수요가 회복될 것이라고 예측했던 것이다. 특히 주목할 만한 것은 IMF로 인해 급등한 환율 때문에 기존에 고급 TV 시장을 석권하고 있던 수입가전사들의 제품이 경쟁에서 밀리는 현상이 나타나기 시작했다는 것이다. 또한 A사와 D사의 경우 저가 제품과 파격적인 판촉활동을 전개했고, 이러한 치열한 경쟁은 점점 더 저가 시장에 대한 매력도를 낮추는 상황을 야기했다. 소비자들의 경우 비록 암흑기 동안 소비를 지연하고 있었으나 여전히 대형화된 제품에 대한 니즈를 갖고 있었다. 그런데 시장이 암흑기를 지나고 소비자들의 구매가 점차 활성화되면서 암흑기 이전과는 다소 다른 소비자 트렌드가 발견되었다. 과거 암흑기 이전의 소비자 니즈가 화면의 크기에만 집중되어 있었다면, 이 시기 소비자들은 화면의 크기와 더불어 가격을 좀 더 민감한 구매 결정 요소로 고려했으며 상대적으로 부가 기능에 대한 욕구는 감소하였다. TV 생산 가전사들은 꾸준한 시장 조사 활동을 통해 이렇게 소비자들의 니즈가 빠르게 변화하고 있다는 것을 파악하고 이에 대한 대응책들을 마련해 나갔다.

또한 TV 생산 가전사들은 완전평면 TV와 프로젝션 TV 같은 신제품 출시에 더욱 큰 관심을 갖게 되었는데, 특히 저가 모델에 별 매력을 느끼지 못하고 오히려 좀 더 고급화된 제품에 매력을 느끼는 소비자들을 흡수하는 전략을 구사하게 되었다. 이와 더불어 프리미엄 브랜드를 붙인 제품들이 출시되었는데, 이러한 제품들은 일반 TV에 의해 생성된 준거가격 때문에 선뜻 구매하지 못하는 소비자들에게 고가의 상품으로 그 준거점을 새롭게 제시하였다. 이때 나온 '파브(PAVV)'와 '엑스캔버스(XCANVAS)' 같은 제품들은 디자인을 강화하고 큰 화면을 중심으로 하는 대형화된 고급기종으로 프리미엄 TV 시장을 확대시켰다.

제4기의 또 다른 특징으로는 이전까지 정확하게 일치하며 변동하던 TV의 총수요와 경제성장률 곡선이 불일치하는 현상이 일어나기 시작한 것을 들 수 있다. 2000년 이후 TV 수요의 양극화가 일어나면서 비교적 경기 변화에 둔감한 고급 TV의 판매가 경기의 변화와 관계없이 증가했는데, 이렇게 TV 총수요와 경제성장률이 불일치하는 현상은 제5기인 재도약기에도 꾸준히 관찰된다.

5) 제5기: 재도약기(2002-2005)

월드컵이 있었던 2002년에는 TV 시장도 월드컵을 계기로 큰 성장을 이루었다. 시민들은 대형 광장이나 음식점 술집으로 모여들어 함께 응원하는 것을 선호했는데, 이런 이유로 영업점에서는 월드컵 경기를 보여 줄 대형 TV가 필요했고 이는 프로젝션 TV를 비롯한 대형 TV의 수요를 촉발시키는 계기가 되었다. 또한 가정에서도 그동안 미루어 왔던 구매를 서두름으로써 TV 수요가 폭발적으로 증가하였다. 이를 계기로 업계에서는 월드컵 특수, 이벤트 효과(event effect)라는 말이 등장하면서 대형 행사의 TV 수요 영향력에 대해서 주목하기 시작하였다. 이러한 대형 이벤트를 통한 TV 시장의 확대는 이듬해까지 수요에 영향을 미쳤는데, 이는 대형 TV 시장이 확대됨에 따라서 이를 모방 구매하는 긍정적 피드백 효과가 나타났기 때문인 것으로 보인다.

특히 인터넷이 급속도로 보급되면서 엄청나게 많은 정보가 공유되고 재창조되었는데, 이 시기의 소비자 니즈에 있어서 가장 큰 변화로는 이전처럼 화면의 크기나 화질을 중시하는 것 못지않게 정보의 소통과 취득에도 관심을 두게 되었다는 것을 들 수 있다. 이러한 소비자의 니즈는 디지털 방송을 통해서 조금씩 구현되었는데, 디지털 방송은 과거와 같은 정보의 일방적 전송 형태에서 발전하여 양방향으로 소통할 수 있게 해 준다. 이 시기에 디지털 TV 시대가 서서히 열리기 시작했는데, TV에 향후에 셋탑박스를 추가할 수 있는 확장자를 마련한 분리형 디지털 TV나 처음부터 셋탑박스가 포함된 일체형 디지털 TV가 출시되기 시작하였다. 이러한 디지털 TV에 대한 기대감은 이 시기의 TV 수요에 영향을 미쳐 TV 시장의 재도약에 긍정적인 역할을 했지만 당시에는 디지털 방송을 위한 콘텐츠가 부족하여 실질적인 디지털 방송이 구현되지는 못했다. 따라서 이 시기는 디지털 방송을 위한 콘텐츠가 점차 개발 · 확대되어 가고 있는 시기라 할 수 있다. 2001년 말부터 실시된 디지털 방송이 점차 디지털 방송 콘텐츠가 확대되어 가면서 TV를 구매하는 소비자들에게 있어서 이러한 디지털 자원 유무가 중요한 기준으로 자리를 잡게 된다.

6) 제6기: 시장 재편기(2006-)

2002년 월드컵 특수는 대형 고급 TV 판매에 영향을 미쳤는데, 이 시기에는 주로 프로젝션 TV를 중심으로 하여 대형 고급 TV가 성장하였다. 하지만 당시에 가격에 대한 저항감 때문에 PDP와 LCD TV가 시장에서 확대되는 데 어려움이 있었다.

2006년은 TV 시장의 구조가 변하게 되는 시발점이 되는 해이다. 월드컵 특수의 중심에 있던 CRT 프로젝션 TV는 시장에서 단종되었고, 대형 프로젝션 TV는 LCD나 DLP 방식으로 대체되었으나 화질에 대한 욕구를 충족시키기엔 부족함이 많았다. 반면 꾸준히 하락하던 LCD, PDP TV 가격은 2005-2006년을 기점으로 급격히 하락하여 40인치대 PDP TV는 200만 원 정도면 구매할 수 있을 정도로 가격이 하락했고, LCD 패널 가격은 1인치당 50달러선이 붕괴되면서 32인치 LCD TV가 100만 원대에 판매되기 시작하였다. 이러한 평판 TV 가격의 하락은 일반 TV 시장의 소비자 수요를 평판 TV 시장으로 이동시켰으며, LCD 및 PDP TV는 소비자들의 향후 가전제품 구매 우선순위에서 가장 높은 순위를 차지하게 되었다. 서울대학교 경영연구소의 조사에 따르면 향후에 TV 구매를 희망하는 사람의 경우 71.6%가 이러한 평판 TV를 구매할 것이라고 조사되었다고 한다. 특히 2006년 TV 판매량은 2002년 월드컵 이후 가장 높은 수치를 보였으며 그중에서도 50% 이상이 평판 TV로 판매되었다. 이는 TV 시장의 구조가 일반 브라운관 TV에서 평판 TV시장으로 재편되고 있다고 할 수 있다. 이러한 TV 시장의 재편을 통해 LCD, PDP와 같은 프리미엄 TV가 시장에서 중심 제품으로 자리를 잡았으며, 브랜드 간 경쟁도 삼성, LG라는 일반 TV 브랜드 간 경쟁에서 '파브'와 '엑스캔버스' 간의 경쟁으로 변화하였다.

2006년 이후로 구분될 수 있는 시장재편기의 가장 큰 특징은 TV가 단순히 보는 기기에서 정보(information)과 오락(entertainment)을 위한 기기로 본격적으로 변화한다는 점이다. TV가 인터넷과 결합하면서 TV에서 주식, 뉴스, 날씨와 같은 실시간 정보를 확인할 수 있게 되었으며, 지상파의 지난 방송을 원하는 시간대에 실시간으로 스트리밍하여 시청할 수 있게 되었다. 이러한 기능은 TV와 인터넷의 결합상품인 IPTV 서비스에 가입해서 즐길 수 있는데, IPTV는 2007년 100만이 넘는 가입자 수를 확보하면서 시장에서 빠르게 자리를 잡아 가고 있다.

방송과 통신의 융합 서비스가 시작되면서 TV 시장의 역학관계가 다소 달라지게 되는데, TV 제조사뿐 아니라 다양한 콘텐츠를 제공하는 사업자의 역할이 TV 시장에서 점차 중요하게 부각되고 있다. KT, 하나로 같은 인터넷망 서비스에 기반을 둔 사업자나 인터넷에 기반을 둔 곰TV와 같은 서비스 사업자들이 방송 시장에서 기존 방송사업자와 상생 또는 경쟁하는 관계로 등장했으며, 기존 케이블 방송 사업자도 새로운 환경 변화에 뒤처지지 않기 위해서 디지털 케이블 사업을 의욕적으로 확장해 나가면서 TV 관련 콘텐츠 시장이 일대 변화를 겪게 된다.

이러한 TV 시장의 변화 속에서 TV는 더 이상 시청 중심의 기기가 아닌 정보의 교환, 저장, 활용을 위한 기기로 발전하게 된다. TV 제조사들은 이러한 시장의 흐름을 반영하면서 콘텐츠 제공사들과의 경쟁에서 주도권을 잃지 않기 위해서 TV가 제공하는 부가 기능을 한 차원 업그레이드하였다. 기본적으로 TV 프로그램을 녹화하거나 사진이나 동영상 등의 콘텐츠를 보관하기 위한 저장 매체를 내장하기도 하고, USB 메모리 등의 이동 저장 매체를 쉽게 연결해서 영상 및 음악 파일을 이용할 수 있게 하였다. 더 나아가 선을 연결하지 않고도 가정 내 PC에 저장되어 있는 동영상 파일을 TV로 연결하여 시청할 수 있는 기능을 개발하는가 하면, 따로 IPTV 서비스에 가입하지 않고도 TV 자체에서 뉴스와 주식시장 등의 변동하는 정보를 확인할 수 있게 하거나, 운동 및 교육 프로그램을 자체적으로 저장, 제공하는 기능을 통해서 TV를 정보 및 엔터테인먼트 기기로 발전시켜 나가고 있다.

7) TV 시장 수요 변화의 주요 동인

TV 제조사들 사이에서는 신제품이 수요를 창출한다는 것이 정설로 통한다. 하지만 이 말은 다분히 공급자들 입장에서 바라본 수요 변화 동인일 뿐 시장을 정확하게 바라본 시각은 아니다. TV 시장을 좀 더 정확하게 파악하기 위해서는 공급자가 아닌 수요자, 즉 소비자 입장에서 바라보는 시각이 필

〈그림 Ⅱ-29〉 TV 수요 변화를 이끈 주요 동인

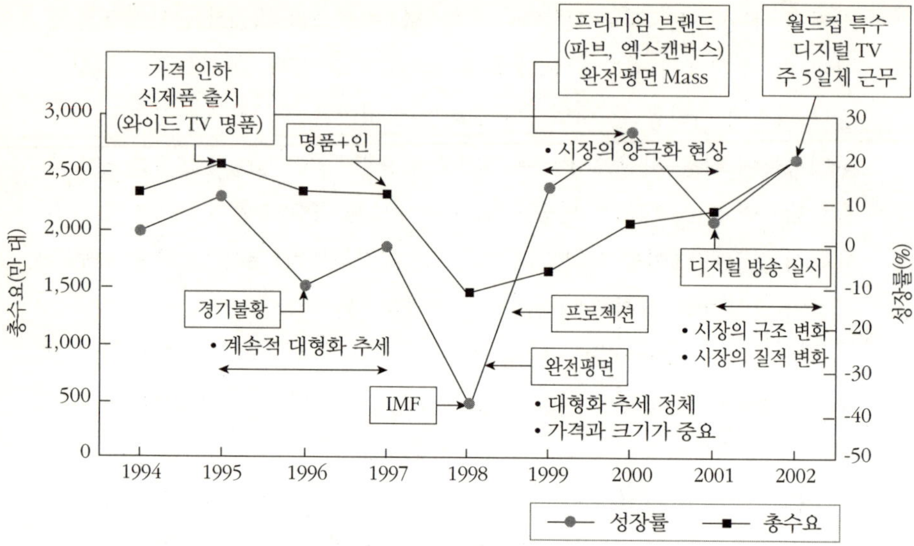

요하다. 그러므로 소비자의 니즈를 해결할 수 있는 신제품만이 시장에서 소비자에게 선택받고 살아남을 수 있었다고 보는 시각이 좀 더 정확하다고 할 수 있다. 과거 흑백 TV를 시청하던 시기에 소비자가 원하는 것은 현실과 똑같은 색을 낼 수 있는 컬러 TV였다. 그러나 이러한 소비자의 니즈는 모든 생산자가 쉽게 짐작할 수 있었으므로 신기술의 개발이 곧 수요의 창출을 의미한다고 생각할 수도 있었다. 하지만 현재는 이미 많은 기술이 개발되었고 다양한 소비자의 욕구가 존재하기 때문에 한 가지의 신기술 도입이 바로 수요의 창출로 연결되기는 어려우며, 소비자의 욕구를 채워 줄 수 있는 기술의 조합만이 시장에서 살아남을 수 있다.

〈그림 Ⅱ-30〉은 해당 연도에 서울대학교 경영연구소에서 실시한 조사에서 구입 의도 모델의 변화를 살펴본 것이다. 2000년까지 높은 비율을 차지하던 일반 TV의 구입 의도율이 2006년에 들어서면서 급격히 하락하고 LCD, PDP TV 구입 의도가 급증하는 것을 볼 수 있다. 2006년의 구입 의도율을 살펴보면 LCD, PDP TV의 구입 의도율이 전체 시장의 71.7%를 차지하고 있으며 이는 TV 시장의 구조가 과거와는 완전히 달라졌음을 보여 준

〈그림 Ⅱ-30〉 TV 제품별 구입 의도 변화율

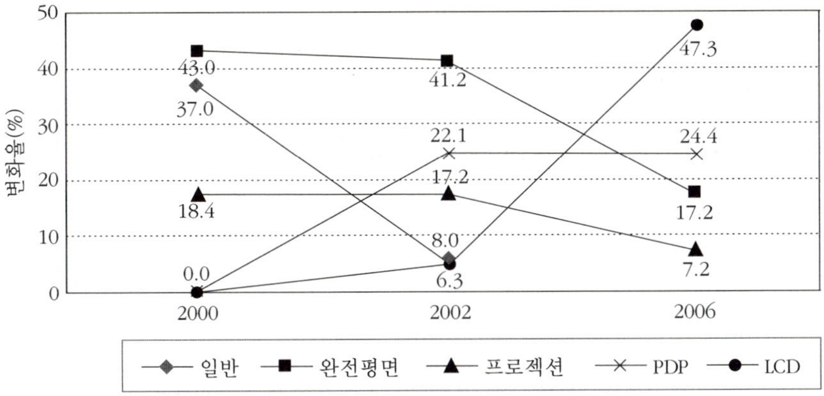

〈그림 Ⅱ-31〉 TV 모델별 의도 화면 크기(2006)

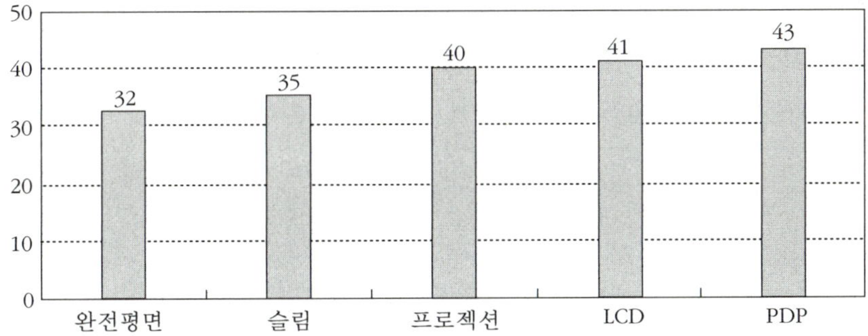

다. 즉 시장의 구조가 일반 TV에서 LCD, PDP TV와 같은 고급 모델로 변화가 일어나고 있다는 것을 한눈에 보여 주고 있다.

〈그림 Ⅱ-31〉은 TV 화면의 크기별 구입 의도의 변화를 나타낸다. 2006년 조사에서 TV 시장의 평균적인 TV 화면 크기는 29.9인치로 나타났는데 이는 과거 주력을 이루던 29인치가 줄어들고 30-34인치와 40인치 이상을 점차 선호한다는 것을 나타낸다. 소비자의 선호는 LCD, PDP TV의 확산과 더불어 점차 대형화된 모델로 변화하고 있는데 브라운관 TV 의도자의 경우 32인치 정도 크기의 TV를 희망하고 있다. 또한 LCD와 PDP TV 의도자는 40인치 이상의 TV를 희망하고 있는 것을 볼 수 있는데 이는 TV 시장이 질적으로 변화하고 있음을 말해 준다.

8) TV 시장의 미래 조망

(1) 텔레비전이 아닌 인터비전(intervision)으로

TV가 가정에서 차지하는 역할을 보면 과거에는 TV 프로그램을 보고 듣는 기능에 초점이 맞추어져 왔으나 최근에는 소비자의 욕구를 좇아 엔터테인먼트 기능에 알맞도록 발전해 왔다. 앞으로 펼쳐질 TV 시장의 변화는 점차 증가하고 있는 소비자의 정보에 관한 욕구를 충족시켜 주는 방향으로 움직일 것이다. 따라서 이제 TV는 더 이상 프로그램을 시청하는 도구가 아닌 홈 네트워크를 관리하는 중추적인 역할을 담당하게 될 것이다. 즉 TV는 커뮤니케이션과 편리함(comfort), 즐거움(entertainment)이라는 세 가지 역할을 담당하는 Home Network Enabler로서의 인터비전으로 발전할 것이다.

먼저 첫 번째 역할인 '커뮤니케이션' 기능은 홈쇼핑, 홈뱅킹, 재택근무,

〈그림 Ⅱ-32〉 텔레비전에서 인터비전으로의 변화

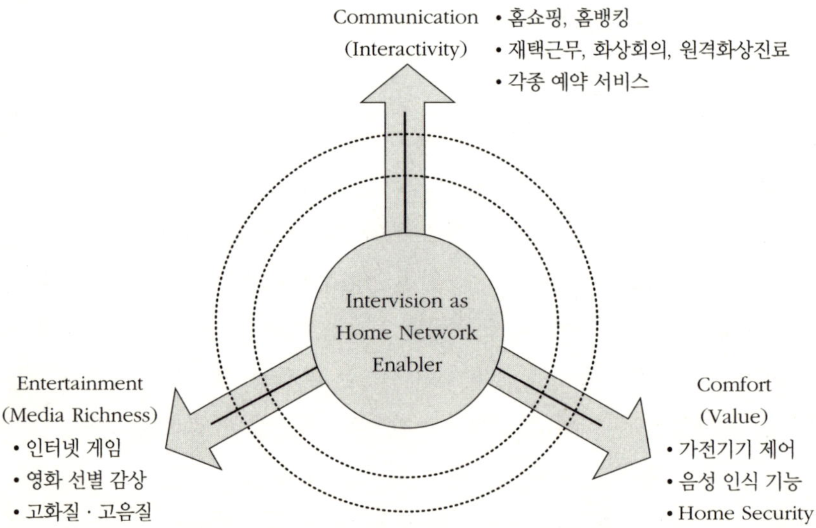

화상회의, 원격화상진료, 각종 예약 서비스와 같은 양방향성(interactivity)에 대한 지원이 이루어지는 쪽으로 발전할 것이다. 그리고 두 번째 역할인 '편리함'은 가전제품의 중심으로서 TV가 갖게 될 기능인데, TV에 음성 인식 기능이 부가되고, 가전기기들을 제어하게 되며, 홈시큐어리티(home security)의 기능도 담당하게 될 것이다. 이는 가전을 연결하고 통제함으로써 새로운 가치(value)를 창출하여 우리 생활의 편리를 도모하게 될 것이다. 세 번째 역할인 '즐거움'의 경우 앞으로의 TV는 즐거움을 극대화할 수 있도록 점점 더 고화질 · 고음질을 추구하게 될 것이며, 영화를 선별해서 보거나 인터넷 게임을 하는 등 다양한 기능을 담당하게 될 것이다.

(2) 소비자가 원하는 네트워킹의 방향

이제 소비자가 원하는 TV는 이제 더 이상 TV 프로그램만을 시청하는 제품이 아니다. 즉 모든 가전기기를 통합하여 조종(control)하고 PC와 연계하여 정보를 처리해 주며, 가정 내 엔터테인먼트 기능을 담당해 주는 웜홀(worm hole)로서의 TV가 바로 소비자가 원하는 네트워킹의 방향일 것이다(〈그림 Ⅱ-33〉).

〈그림 Ⅱ-33〉 소비자가 원하는 네트워킹의 방향

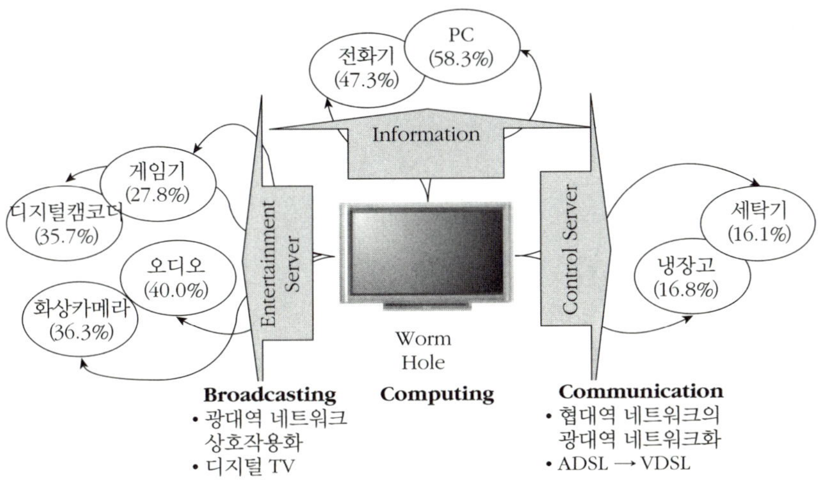

(3) 디지털이 가져올 TV의 혁명

TV의 성장 원동력을 살펴보면 과거에는 TV가 소비자 편익(customer benefit)을 점점 더 증가시켜 주었기 때문에 그 수요가 증가했다고 볼 수 있다. 따라서 이러한 소비자 편익 측면에서 접근한다면 앞으로의 시장 변화에 대한 청사진을 좀 더 쉽게 그려볼 수 있을 것이다.

과거의 소비자들은 TV를 통해 영상을 보는 것이 그들이 얻을 수 있는 최대한의 효용이라고 여겼다. 이후 컬러 TV가 보급되면서 영상매체가 주는 엔터테인먼트 기능에 의한 즐거움이 소비자에게 추가적인 편익으로 제공되었으며, 이는 지금까지의 TV 시장에서 고화질 · 고품질 영상, 큰 화면, 브랜드로 대표되는 소비자 편익으로 정의할 수 있다. 즉 단순한 영상 제공에서 벗어나 현실감(reality)과 엔터테인먼트에 관련된 사항이 소비자에게 또 다른 효용으로 다가왔던 것이다.

그렇다면 앞으로의 디지털 TV 시대는 소비자에게 어떠한 가치를 제공하게 될 것인가? 무엇보다도 AV에 대한 엔터테인먼트 기능을 기반으로 정보

〈그림 Ⅱ-34〉 디지털이 가져올 TV의 혁명

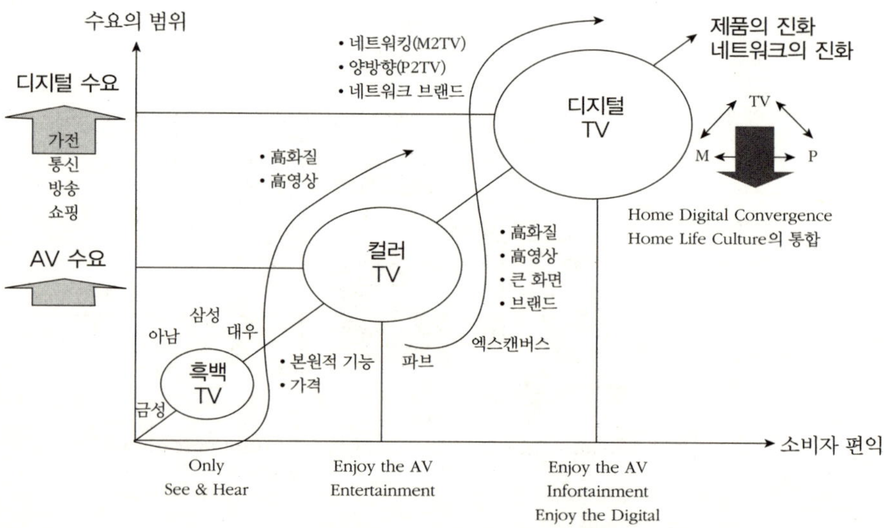

(information)와 여가(entertainment)가 결합된 인포테인먼트 (infortainment)가 새로운 효용으로 제공되어야 할 것이다. 이를 통해 TV는 현재 이루어지는 제품의 진화와 더불어 네트워크의 진화를 동반하여 Home Digital Convergence와 Home Life Culture의 통합을 이룰 수 있을 것이다.

제 III 장

디지털 시대의 가전 유통

1 디지털 시대의 국내 유통 변화

제II장에서 살펴본 가전 시장과 가전 유통 환경의 변화는 결국 가전 유통을 이원화시키기 시작했다. 가전 시장은 가격파괴형 가전제품 시장과 서비스 중심형 가전제품 시장으로 분류될 수 있는데, 서비스 중심형 가전제품 시장은 '명품 서비스'를 중심으로 하는 '이미지 서비스' 영역과 고객의 귀찮은 일을 대신해 주는 '노동형 서비스' 중심 유통으로 나뉜다. 향후 가격파괴형 유통이 다룰 수 있는 주요 가전제품은 브라운관 TV, 소형 냉장고, 진공청소기 등과 같은 저가 · 단순설명제품이 될 것으로 보이며, 이들 제품은 노동력이 저렴한 중국이나 동남아시아 등지에서 수입한 제품이 될 것이다.

명품 서비스를 중심으로 하는 유통업체는 Inter-personal Digital Network를 구성하는 제품군과 Family Digital Network를 구성하는 제품군으로 나눌 수 있다. Inter-personal Digital Network를 구성하는 제품은 노트북, 휴대폰, 디지털카메라, MP3 플레이어 등 20-30대 위주의 제품들이

〈그림 Ⅲ-1〉 디지털 시대의 국내 유통 변화

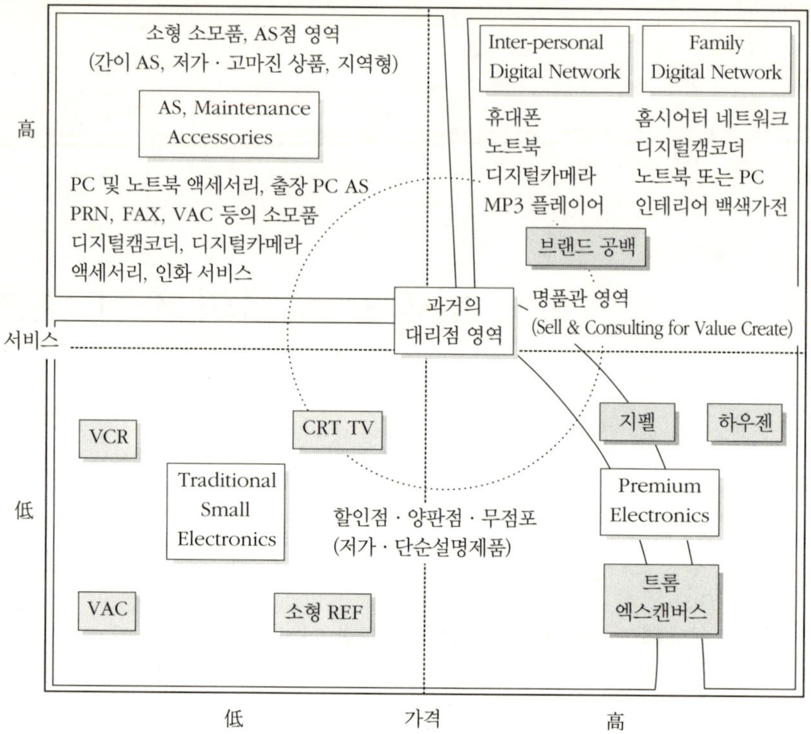

며 명품 서비스를 중심으로 하는 유통업체에서는 이런 제품들이 잘 연결되어 시너지 효과가 날 수 있도록 도와주어야 한다. 또한 Family Digital Network 제품군은 TV나 냉장고를 중심으로 집안의 디지털 네트워크가 꾸며질 수 있도록 제품군을 구성하며, 특히 집안 인테리어와 전체 제품군이 조화를 이룰 수 있도록 노력해야 할 것이다. 따라서 명품 서비스 가전 유통점의 핵심 경쟁력은 '인테리어 디자인'과 '가전제품 연결 능력'이 될 것이며, 중 · 대형 아파트 주민들이 주요 고객이 될 것으로 보인다.

노동형 서비스를 중심으로 하는 유통업체는 소형 제품 판매, 소모품 판매, 에프터서비스 등을 중심으로 발전할 것으로 예상된다. 그들의 주요 고객은 IT 제품 구매 고객과 중 · 소형 사업체가 될 것이며, 향후 디지털 네트워크가 발달함에 따라 점차 디지털 네트워크 관련 제품도 늘어날 것이다. MP3 플레이어, 디지털카메라, 디지털캠코더 등 많은 제품들은 인터넷과 연동되어 사용되면서 엄청난 시너지 효과를 낼 수 있지만 많은 사람들이 각 제품들을 따로 사용하고 있다. 예를 들어 요즘 많은 부모들은 아기가 태어나면서 디지털캠코더를 구매하는데, 디지털캠코더로 찍은 자료를 CD로 만들어서 보관하거나 다른 곳에 보내주려고 계획하지만 실제로 디지털캠코더 구매 이후에 컴퓨터와 연동해서 이와 같이 활용하는 사람은 많지 않다. 그렇기 때문에 노동형 서비스를 중심으로 하는 유통업체는 CD로 만드는 작업을 대신해 주거나 컴퓨터가 고장 났을 때 빠르게 출장 애프터서비스를 해 줌으로써 보다 많은 이익을 창출할 수 있을 것이다.

생각해 볼 이야기

일본과 한국의 가전 유통 비교

한국과 일본은 유사한 발전단계를 지닌다고 이야기를 하지만 가전 유통에 있어서는 조금 다른 발전 과정을 거치고 있는 것으로 보인다.

일본의 경우 가전제품 유통은 유통업체를 중심으로 전개되었다. 1980년대 일본에서는 가전 양판점들이 발전하기 시작하면서 가전 제조업체가 가전 양판점에 끌려 다니는 현상이 발생했다. 일본이 아직 성장기에 있던 당시에 각 가전 제조업체들은 모두 시장 점유율 경쟁에만 치중하고 있었다. 그러나 가전 양판점이 발전함에 따라 가전 제조회사들은 자신들의 전속점보다는 양판점의 판매에 치중하기 시작했다. 시장 점유율을 올리는 데에는 가전 양판점을 활용하는 것이 더욱 효과적이었던 것이다. 이러한 양판점 중심의 가격 정책은 결국 가격 경쟁으로 이어지게 되었다. 그러나 가전 양판점의 경우 매우 다양한 제품을 다루기 때문에 각 제품의 특징을 고객에게 잘 설명하기가 어려웠다. 따라서 고객의 시각에서는 모든 가전제품들이 비슷하게 인식되었고, 오직 가격을 통해 제품을 비교할 수밖에 없었다.

결국 가전 제조회사들의 시장 점유율 경쟁은 가전 양판점 중심의 판매로 이어지게 되었고, 고객들의 준거 가격은 '양판점 가격'이 되었다. 이에 따라 일본의 가전 제조회사들은 좀 더 싼 제품을 만들기 위해서 노력하게 되었으며 1997년의 경우 1991년 대비 출하 대수는 늘어났지만 평균 단가는 지속적으로 낮아졌다(비디오카메라의 경우는 아날로그캠코더에서 디지털캠코더로 시장이 바뀌면서 평균 단가가 올라갔다).

가전 시장이 고급 시장과 가격 중심 시장으로 이원화된 우리나라와는 달리, 일본 시장은 가격 경쟁을 중심으로 시장이 발전하면서 가전 제조회사들의 계

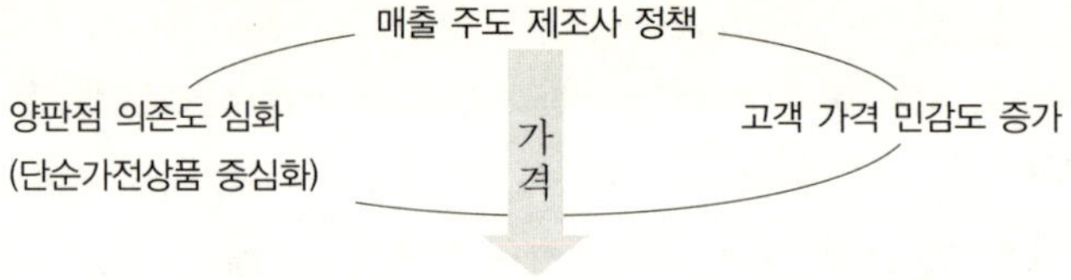

열 유통점이 몰락하는 사태가 벌어졌으며, 이는 일본 가전업체들에게 두 가지의 큰 위협으로 다가오게 되었다. 첫 번째는 가전 제조업체들의 이익이 급격하게 줄어들었다는 점이다. 이는 가격 중심의 경쟁을 하는 기업들이 흔히 겪게 되는 문제라고 할 수 있다. 두 번째는 가전 제조업체들이 2000년대에 들어오면서 디지털 네트워크 제품을 판매하는 데 어려움을 겪게 되었다는 점이다. 예를 들어 인터넷 관련 제품이나 소니 바이오 노트북 같은 제품의 경우 자세한 설명이 없이는 그 제품의 진정한 효용에 대해 알기 어렵다. 하지만 양판점 점원이나 할인점의 아르바이트 직원들이 이러한 가전제품에 대해서 자세히 공부를 하고 제품을 설명해 준다는 것은 현실적으로 거의 불가능했다. 이러한 어려움을 극복하기 위해서 소니 등 전속 계열점이 없는 회사들은 자사 제품을 전문적으로 설명하고 사용해 볼 수 있는 전시관(예를 들면, 도쿄의 소니 쇼룸)을 마련하기 시작했고, 마쯔시다 같은 가전회사들은 다시 계열점을 살리는 유통 정책을 펴기 시작했다.

마쯔시다나 산요 등 가전 제조업체들이 자사의 전속 유통망을 살리기 위해서 펼친 전략은 다음과 같은 3단계로 이루어져 있다. 첫 번째는 발로 뛰어서 고객들과 만나는 기회를 늘리는 단계이다. 사전 점검의 도입을 통해 고객들의 집으로 직접 찾아가 가전제품을 미리 점검해 줌으로써 고객과의 접점을 늘려나간다거나 ADSL 또는 전화 서비스 가입 신청 등을 대행해 주는 등의 이업종 제휴를 통해서도 고객들이 자사의 대리점 매장에 좀 더 자주 들르게 할 수 있다. 두 번째 단계는 그동안 발로 뛰면서 만났던 고객들의 여러 가지 정보를 데이터베이스화하는 것이다. 그 고객의 집에는 어떤 제품이 있는지, 제품은 언제쯤 바꿀 시기가 도래하는지 등을 데이터베이스화할 수 있다. 마지막 단계는 이렇게 축적된 데이터베이스를 활용하는 것이다. 여기에는 고객에게 맞춤형 쿠폰이나 가격 할인 전단을 보내는 방법 등이 있다.

그러나 우리나라의 가전 유통은 일본과는 조금 다른 방식으로 발전하는 모습을 보인다. 첫째로 가전제품의 이원화를 들 수 있는데, 서울대학교 경영연구소가 1996년부터 2001년까지 가전 시장을 분석한 자료를 보면 고급 가전제품의 수요는 해마다 뚜렷하게 증가하고 있다. 둘째로 우리나라는 일본과는 달리 디지털 네트워크 제품이 도입될 당시에 가전 양판점이 활성화되지 않고 있었다. 이러한 차이점들은 우리나라의 가전 유통이 향후 일본과는 다른 형태로 발전하는 계기가 될 수 있을 것으로 예상된다.

2 가전 제조업체의 유통망 관리 전략

1) 오프라인 매장 관리 전략

국내 가전 제조업체가 일본이 이미 겪었던 양판점 중심 가전 유통의 문제를 답습하지 않기 위해서는 '서비스 중심 가전 유통점'을 확대할 필요가 있다. 특히 이런 서비스 중심 가전 유통점은 기존 제조업체들의 대리점을 중심으로 하는 것이 효율적일 것으로 보인다. 그렇다면 과연 기존의 대리점들은 어떤 모습일까?

2007년 서울대학교 경영연구소의 조사에 따르면 각 가전 유통점에 대해서 고객들은 다음과 같이 느끼는 것으로 나타났다. 백화점의 경우 대부분의 항목에서 가장 우수한 것으로 나타났고, 삼성전자 대리점의 경우 방문·주차 편리, 직원의 설명, 신제품 진열 관련 사항에서 우위를 차지하였다(〈그림 Ⅲ-2〉).

과거의 대리점들은 상품을 전시, 판매하는 공간이었고 고객(consumer)을 상대하는 판매점이자 상품 소유 중심 시장(have market)을 공략하는 기지였다. 그러나 오늘날의 유통 환경 속에서 대리점은 총체적인 경험의 확산 공간이자, 고객들을 단순히 고객(consumer)이 아닌 생산소비자(prosumer)의 형태로 바꾸는 데 주도적인 역할을 해야 하며, 사용 중심 시장(use market)을 공략할 수 있는 여러 가지 조치를 취해야 할 것이다. 예를 들어, 디지털캠코더의 경우 대리점에서 고객에게 사용법을 충분히 교육한 후에 대여하거나, 또는 100만 원짜리 디지털캠코더를 하루에 10만 원씩 지불하고 10회 이상 대여하는 경우 소유권을 아예 고객에게 양도하는 등의 판매 방식이 있다. 이러한 새로운 전략은 저렴한 가격으로 고객들이 제품을 체험할 수 있게 하고, 고객들의 반응을 제품개발에 신속하게 활용할 수 있으며, 고객들이 보다 쉽게 상품을 구입할 수 있게 해 주는 등의 장점이 있다.

이러한 개념에서 대리점은 학습 및 배움의 장이 되어야 하며, 이업종 제휴를 통해서 다양한 고객의 욕구를 충족시켜 주는 장이 되어야 할 것이다. 또한

〈그림 Ⅲ - 2〉 고객의 최근 방문 매장 기준 주요 항목별 만족도(7점 척도)

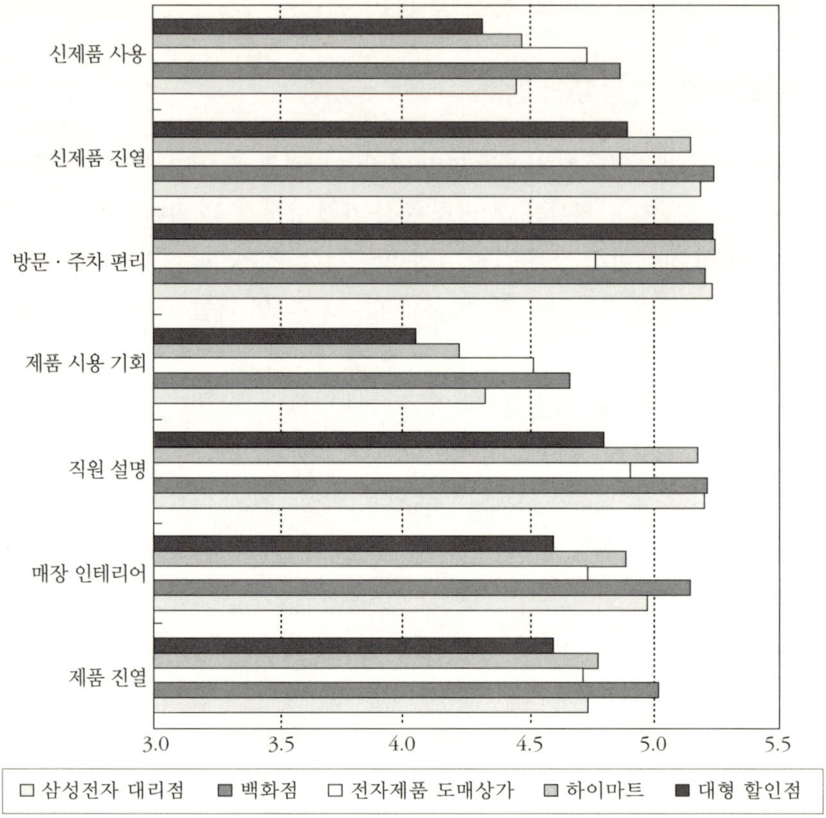

체험 요소를 강화하여 매장을 재미있고 유익한 곳으로 만들어 고객들의 방문 빈도를 높일 수 있을 것이다. 이러한 인프라를 갖추고 고객과의 상호작용을 강화한다면 대리점은 향후 새로운 서비스 중심점으로서의 역할을 잘 수행할 수 있을 것으로 보인다.

2) 온라인 매장 관리 전략

2000년대에 들어오면서 새로운 가전 유통 및 홍보 방법이 생겨났다. 가장 대표적인 예로 '신제품 체험단'을 들 수 있는데, 삼성전자의 '센스큐' 노트북

〈그림 Ⅲ-3〉 유통망의 역할 변화

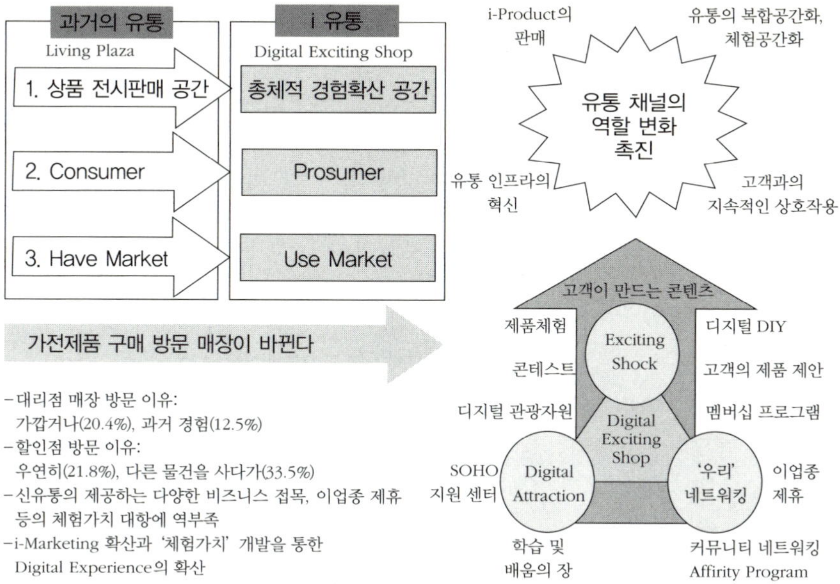

의 경우 신제품 체험단을 모집했을 때 무려 18만 명의 네티즌들이 홈페이지에 신청을 했다고 한다. 순식간에 18만 명이 '센스큐'라는 제품에 관심을 가지게 되면서 삼성전자는 자연스럽게 판매 가능한 18만 명의 고객 명단 확보하게 되었다. 또한 당시에는 노트북 수요가 연 20만 대가 안 되었기 때문에 노트북에 관심이 있는 고객을 이렇게 많이 모았다는 것은 그 자체만으로도 큰 이슈가 될 수 있었다.

인터넷 유통은 가전 제조업체들에게 큰 골칫거리였다. 소매가격을 안정화시키려는 제조업체들의 의도에 항상 찬물을 끼얹는 곳이 바로 인터넷 유통이었기 때문이다. 하지만 온라인이 가전 유통에 많은 영향을 미치는 것이 분명한 만큼 온라인 유통의 관리도 매우 중요하게 다루어져야 한다.

가전 제조업체들의 인터넷 유통망 관리는 다음과 같은 3단계로 발전하고 있다.

첫 번째 단계는 홍보(promotion) 단계이다. 초기 가전 제조업체들은 포럼, 홈페이지 등을 만들어서 고객의 의견을 수렴하려 했다. 하지만 전사적인 지원

〈그림 Ⅲ - 4〉 Virtual Marketing

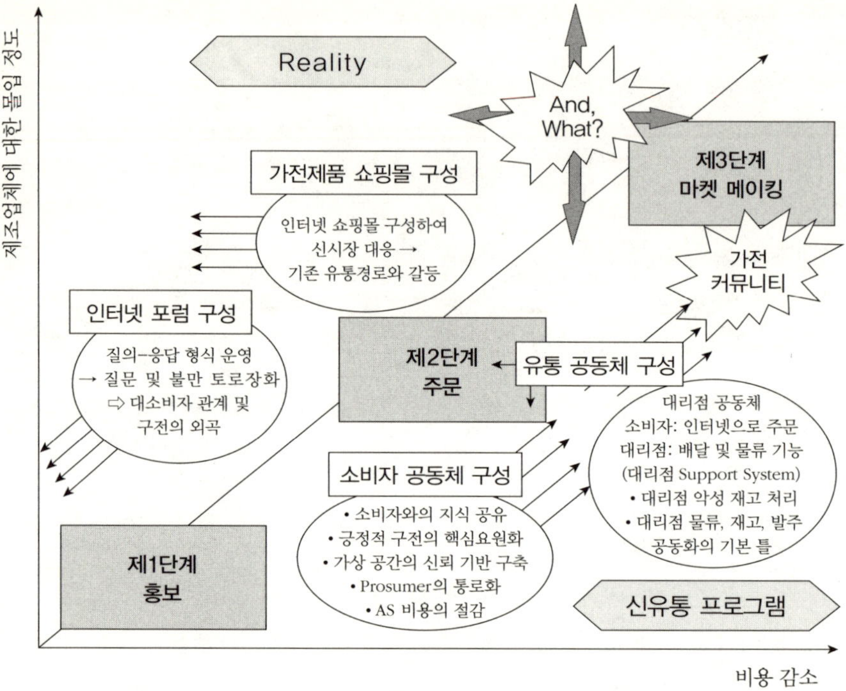

의 부재로 인해서 가전 제조업체 홈페이지의 질의-응답은 질문 및 불만토로의 장이 되어 버렸고, 결국 대소비자 관계나 구전이 왜곡되는 현상 등 많은 문제가 발생했다.

두 번째 단계는 주문(order taking) 단계이다. 가전제품 제조업체들은 자사의 쇼핑몰을 만들어서 제품을 판매하기 시작했다. 삼성전자의 고삼성(http://www.gosamsung.com)이 그 대표적인 예라고 할 수 있겠다. 하지만 이 단계에서는 기존 유통 경로와의 갈등으로 인해 여러 가지 문제가 발생했다.

세 번째 단계는 마켓 메이킹(market making) 단계이다. 즉 인터넷 속에 잠재해 있는 여러 소비자의 힘을 모으고, 기존의 대리점과 시너지 효과를 내려고 노력하는 단계이다. 이 단계에서는 인터넷상에 존재하는 여러 소비자 공동체와 지식을 공유하며 제품과 유통을 발전시켜 나가려는 노력이 필요하다.

고객들의 의견을 제품에 최대한 빠르게 반영할 수 있도록 시스템을 구축하여 소비자 공동체의 여러 의견이 바로 제품개발에 반영될 수 있도록 해야 할 것이다. 이러한 노력은 소비자와의 긍정적 신뢰를 강화할 수 있으며, 고객을 Consumer에서 Prosumer로 탈바꿈시킬 수 있는 계기가 될 수 있다. 또한 소비자 공동체를 통해서 여러 가지 제품 관련 지식을 교육함으로써 애프터서비스 비용도 절감할 수 있다. 이때 중요한 것은 제조업체 중심의 웹사이트보다는 소비자 중심의 웹사이트가 만들어져야 한다는 것이다. 제조업체 중심의 게시판이 되면 질문 및 불만토로의 장이 되기 쉽고 소비자 주도의 게시판이 되어야 소비자들 간의 자발적인 정보교환이 활성화될 수 있기 때문이다. 하지만 여기서 문제가 되는 것은 소비자가 주도할 경우 물적 지원이 부족하여 관리가 부실해질 수 있다는 점이다. 따라서 제조업체는 소비자 공동체에 자금이나 웹사이트 공간만을 제공하는 것이 적절한 방법이 될 수 있다.

더불어 이 세 번째 단계에서는 유통 공동체도 구성되어야 한다. 소비자가 인터넷으로 주문을 하면 가장 가까운 대리점에서 배달 및 설치 서비스를 해준다거나 대리점에 악성 재고가 남을 경우 그것을 인터넷을 통해 경매 처분하는 등의 방식을 통해 인터넷 쇼핑몰이 대리점과 경쟁하는 관계가 아닌 실제 오프라인 매장과 지식을 공유하면서 시너지 효과를 내는 관계가 되어야 할 것이다.

제 IV 장

소비자 시장의 변화

1 유스 마켓

1) 새로운 세기, 새로운 문화

유스 마켓(youth market)은 '주로 의무교육을 필한 젊은 층(15세부터 결혼하기 전까지)을 대상으로 하는 시장'으로 정의된다. 이러한 유스 마켓은 '젊은이들의 시장' 그 이상의 의미를 가지고 있다. Youth는 과거에 X세대, Z세대, Y세대 등으로 불려 왔고 오늘날에는 N세대라 불리는데, '가상공간을 무대로 자유롭게 살아가는 인테넷 세대'라는 뜻을 갖고 있다. 이처럼 한 세대에 독특한 명칭을 붙이게 된 것은 그들 세대의 특성과 행동, 문화가 기존의 그것과는 확연히 다르기 때문일 것이다. 이러한 독특한 젊은 세대의 문화는 처음에는 잠시 지나가는 일종의 유행처럼 보였지만 10여 년이 지난 지금 단순한 유행을 넘어 하나의 문화로서 자리를 잡고 있다. 이렇게 Youth의 문화와 행동이 한 시기의 유행이 아닌 하나의 문화로 정착되는 데 촉진제

이자 매개체 역할을 한 것이 바로 '디지털 문화' 이다. 디지털 문화가 Youth의 문화를 대변한다면 기존 세대의 문화는 '아날로그 문화' 로 대변될 수 있을 것이다.

일반적으로 '문화' 가 오랜 시간을 거쳐 사회 전반에 정착된 특성과 생활양식을 지칭한다고 할 때, Youth의 세대적 특성과 행동양식을 '문화' 라고 일컫는 것은 너무 성급한 것이 아닌가 하는 의구심이 생길 수도 있다. 아마도 '디지털화' 라는 문명의 혁명이 없었다면 우리는 Youth의 특성과 행동양식을 문화로 이해하기보다는 잠시 지나가는 것으로 치부해 버릴 수도 있었을 것이다. 하지만 앞에서 언급했듯이 '디지털화' 는 그것을 하나의 문화로 정착시키는 촉진제 역할을 했다. 또한 이런 Youth의 문화는 한 시기에 지나가는 것이 아니라 Youth와 근접한 기성세대와 유스 세대에 새로 진입하는 10대에게 지속적으로 강력한 영향력을 행사하고 있다. 따라서 기업의 입장에서 이러한 유스 문화를 공유하는 유스 마켓은 간과할 수 없는 일종의 교두보인 것이다.

기업은 다양한 환경에 둘러싸여 있고 그 환경을 구성하는 개체 중 하나가 바로 '문화' 이다. 새로운 세기에는 새로운 문화가 펼쳐지는데 그 새로운 문화가 '디지털 문화' 이며, 디지털 문화를 지배하고 성장시키는 계층이 바로 'Youth층' 이다. 이러한 유스 문화 속에서 자리 잡은 유스 마켓은 기업에게 성장의 새로운 기회이자 쇠퇴의 기로를 결정하는 Critical Market으로서의 역할을 하고 있다. 우리는 이러한 유스 마켓을 이해하기 위해 이들의 중심에 자리 잡은 디지털 문화의 속성과 함께 유스 마켓의 특징을 이해하고 이를 효과적으로 공략하기 위해 기업이 어떠한 활동을 해야 하는지에 대해서 알아볼 필요가 있다.

2) 디지털 문화를 지배하는 Youth의 속성

디지털 문화 속에서 유스 마켓의 근저에 자리하고 있는 속성은 크게 정신적 속성과 행동적 속성으로 나누어 살펴볼 수 있다.

(1) 정신적 속성

① 자유(freedom)와 나(NA)

디지털 문화가 확산된 계기는 인터넷이라고 봐도 무방할 것이다. 인터넷은 가상공간(virtual space)을 통해 아무런 제약 없이 자유롭게 전 세계의 많은 사람들을 만나고, 이야기하고, 볼 수 있는 수단인데 디지털 문화는 이런 속성을 통해 유스 세대에서 급격히 확산될 수 있었다. 앞에서 거론했듯이 이러한 가상공간을 무대로 자유분방하게 살아가는 인터넷 세대를 'N세대'라 하여 오늘날의 Youth를 지칭하게 되었다. 돈 탭스콧(Don Tapscott)은 N세대를 "디지털 기술, 특히 인터넷을 아무런 불편 없이 자유자재로 활용하면서 인터넷이 구성하는 가상공간을 생활의 중요한 무대로 자연스럽게 인식하고 있는 디지털적인 삶을 영위하는 세대"로 규정했다. 이러한 디지털 문화의 속성인 '자유'는 유스 세대를 디지털 문화에 좀 더 다가가게 만든 하나의 계기가 되었다. 아마도 많은 기성세대는 그들의 젊은 시기를 '자유'가 아닌 복종과 순종으로 보냈을 것이다. 하지만 새로운 세기의 Youth는 자신들의 의지와 주장을 자유롭게 제시하며, 자신의 삶을 살아가려는 에고이즘이 강하다. 다시 말해 남이 아닌 '나 자신(Self)'이 가장 중요하며, 자신에 대한 존중은 '자유'로부터 시작되는 것이다.

'자유'와 '나'는 Youth의 문화와 소비생활에 직접적으로 영향을 미치고 있는데, Youth는 나(자신)를 표현하는 상품에 관심을 더 나타내고 그러한 상품을 좀 더 중요하게 여긴다. 이와 관련된 대표적인 상품으로 휴대폰을 들 수 있다. 그동안 대부분의 전자제품은 가전제품이었고 이는 '나'만의 전자제품이 아닌 '한 가족'의 전자제품을 뜻한다. 하지만 휴대폰의 등장은 전자제품의 의미를 180도로 바꾸어 놓았는데 휴대폰은 가족이 아닌 '나'만의 것이기 때문이다. 특히 Youth에게 자신을 표출하고 원하는 사람들과 자유롭게 의사소통을 할 수 있는 수단인 휴대폰은 Youth의 표상처럼 받아들여졌고, 그들이 원하는 '자유'와 '나'를 제공해 주는 최고의 상품이 되었다. 휴대폰의 급격한 성장은 이러한 Youth의 특성이 반영된 현상이라고 해석할 수 있다.

② 관계(relationship)

아날로그 시대의 관계는 상대방과의 '면대면(face to face)' 또는 전화를 통한 것이 대부분이었던 반면 디지털 시대에서는 상대적으로 매우 다양한 방법으로 관계가 이루어진다.

인터넷이 도입되기 전만 해도 사람들 사이에서 만들어지는 관계는 거리적으로 한계가 있었다. 특히 농업을 기반으로 했던 시대에는 가까운 곳에 사는 주민들 사이에서 노동을 교환하는 방식 등을 통해서 공동체를 형성할 수 있었으며 일정 거리를 벗어나지 못하는 거리적 한계성이 있었다. 따라서 그렇게 조직된 공동체는 단순히 하나의 관심사와 하나의 목적을 갖고 있었다. 그러나 인터넷과 휴대폰이 보급되면서 많은 변화가 생겼다.

인터넷은 많은 사람들이 가상공간상에서 관계를 형성하고 유지해 나갈 수 있는 인프라로 성장하였다. 특히 Youth층은 인터넷에서 형성된 관계를 '커뮤니티'라는 체제로 유지 · 강화하게 된다. 이렇게 인터넷이라는 가상공간에서 형성되는 관계는 다면성(multilateral)을 갖게 되는데, 그것은 Youth층이 가상공간에서 하나의 관계만을 형성하는 것이 아니라 다양한 사람들과 다양한 관계를 형성하고 유지하는 특징을 가지고 있기 때문이다. 예를 들어, 자동차 커뮤니티에 가입한 한 Youth는 이 커뮤니티를 통해 자동차 관련 정보를 얻고 배우기 위해 관계를 유지 · 강화하지만, PC 커뮤니티에서는 PC에 대한 자신의 지식을 다른 사람들에게 알리고 가르치는 일을 통해 관계를 형성하고 유지할 수 있다. 즉 인터넷이라는 가상공간은 Youth층이 언제든지 접속해 이러한 관계를 가질 수 있도록 해 주는 도구이자 인프라인 것이다.

마찬가지로 휴대폰은 Youth층의 많은 이들이 관계를 형성하고 유지하는 수단 및 플랫폼으로서 중요한 역할을 하고 있다. 현재 Youth층 대부분은 휴대폰을 보유하고 있으며, 상당히 다양한 용도로 사용하고 있다. 초기에는 PC를 통한 Youth층의 관계 형성이 주로 일어났지만, 현재는 휴대폰에서도 이러한 관계의 강화가 일어나고 있다. 주지하고 있는 바와 같이 휴대폰은 퍼스널 커뮤니케이션 플랫폼(personal communication platform; PCP)의 역할을 하고 있다. 이는 언제 어디서나 자신이 원하는 시간과 장소에서 관계를 가질 수 있음을 뜻한다. 또한 휴대폰을 이용해 관계를 형성·유지하는 방법도 다양해지고 있는데, 과거에는 음성을 이용한 통화 중심적인 관계가 주류를 이루었지만 근래에는 Youth층을 중심으로 음성뿐 아니라 문자 메시지를 통한 관계가 발전해 왔다. 휴대폰이 이러한 속성을 중심으로 자리를 잡게 된 것은 앞서 언급했듯이 휴대폰이 '나'의 것이자 '나'를 보여 줄 수 있는 것이기 때문이다.

2002년 이후 휴대폰에서는 '컬러'와 '카메라'라는 속성이 중요하게 자리를 잡았다. 이는 '나'와 관계를 갖고 있는 '타인'에게 자신의 독특함을 보여 주고자 하는 욕구를 반영하는 것이고, 특히 카메라는 '나'와 '타인'의 관계를 보여 주는 도구의 기능을 한다고 볼 수 있다. 휴대폰 기술의 발달은 여기서 멈추지 않았는데 근래에는 휴대폰으로도 인터넷을 할 수 있게 되었다. 즉 휴대폰과 인터넷의 결합으로 언제 어디서나 특정한 관계를 가질 수 있는 시대가 도래한 것이다.

③ 감성(emotion)

Youth층이 타인과의 관계를 중시한다고 하지만 그렇다고 자기 자신을 배제하는 것은 아니다. 과거에 물건을 구매할 때 고려했던 요소는 가격과 품질이었지만 오늘날에는 디자인을 중요시하고 있다. 이는 감성(emotion)을 중시하는 Youth층에서 더욱 두드러져서 Youth층은 물건을 구매할 때 디자인을 가장 중요하게 고려한다. 과거의 기성세대가 자신의 감성을 감추고 절제하려 했던 것과는 반대로 Youth 세대는 자신의 감성을 강조하고 표현할 수 있는 매개체에 관심을 가지는 것이다. SK텔레콤에서 1990년대에 런칭했던 'TTL' 브랜드의 광고가 당시 Youth층에게 감성을 강조하여 크게 어필한 것은 잘 알려져 있는 사실이다. 기성세대는 이해하지 못하는 감성을 Youth층은 가지고 있기 때문에 서로 이해할 수 있는 것이다.

이렇게 Youth층은 감성을 중시하기 때문에 단순히 가격이 싼 상품을 구매하기보다는 '나'와 나의 '감성'을 보여 줄 수 있는 상품을 절실히 원하는 경향이 있다. 따라서 이동통신 단말기업체들이 가장 빠르게 시장에 진입하고 우위를 점하기 위해서는 10대를 사로잡을 수 있는 서비스를 개발해야 한다는 주장이 제기되었다. 모바일 유스 마켓 리서치 회사에서 발표한 자료에 따르면 2005년에 이미 15-19세 인구의 99%가 핸드폰을 보유하고 있다고 한다. 2005년 한 해 동안 Youth층의 서비스 이용 내역은 콘텐츠 다운로드 2억 290만 달러, 문자 서비스 5억 7,000만 달러로 어마어마한 규모에 달한다. 따라서 오늘날의 기업은 감성을 중시하는 Youth를 이해하고 그들의 소리에 귀를 기울일 필요가 있다.

④ 개방성(openness)과 변화(change)

디지털 문화의 근간 중 하나인 '개방성(openness)'은 기성세대와는 쉽게 조화를 이루기 힘든 속성이다. 상대적으로 Youth는 개방성을 가지고 세상을 바라보는데, 이러한 개방성은 자연스럽게 새로운 것에 대한 '변화(change)'를 불러일으킨다. 이러한 변화는 기업에게 새로운 기회를 제공해주는데, 그 이유는 '변화'가 현실에서 새로운 무엇인가로 변화하고 싶은 욕구가 발현되면서 일어나는 현상이기 때문이다. 특히 Youth층에서의 이러한 '변화'는 휴대폰, 노트북, MP3 플레이어 등의 제품에서 나타나고 있다. 그중에서도 휴대폰에서 Youth층의 변화가 가장 강하게 일어나고 있다. 이것은 앞에서 언급한 나(NA)·관계(relationship)·감성(emotion)과 깊은 관련이 있는 것으로, '나'를 변화시켜 좀 더 나은 '나'를 만들고 싶은 욕구의 발현으로 볼 수 있다. 또한 Youth에게는 또래와의 관계가 중요한 속성이기 때문에 그러한 관계를 강화시킬 수 있는 상품을 선호하는 모습을 보이기도 한다. 즉 근래의 휴대폰이 디지털카메라, MP3 플레이어, TV 등의 속성을 통해 Youth에게 확산되는 속도를 가속화한 것은 이러한 속성들이 Youth의 감성을 통해 좀 더 잘 표현할 수 있는 수단으로 여겨지기 때문이다.

Youth의 개방성(openness)·변화(change)의 속성은 상품의 변화와 진화를 가속화시키고, 신제품의 확산을 촉진시킬 수 있는 근간으로 자리를 잡

〈그림 Ⅳ-1〉 Youth층을 타깃으로 한 광고

고 있으며, 이러한 Youth의 특징과 디지털 속성을 고려한 제품은 좀 더 빠르게 확산될 수 있을 것이다. 이 같은 현실을 잘 반영해 주는 것으로 이동통신 단말기업체에서 10대들의 보다 적극적인 소비를 위해 고안해 낸 대표적인 아이디어인 '인터넷과의 소통 및 결합'을 들 수 있다. 이는 인터넷이 삶의 많은 부분을 차지한다고 느끼는 많은 10대들이 핸드폰에 저장해 놓은 글이나 사진 등을 자신의 블로그나 온라인 커뮤니티에 올려 다른 사람들과 의견을 공유할 수 있도록 하겠다는 것이다.

⑤ 즐거움(fun)

기성세대와 구별되는 Youth의 대표적인 정신적 속성으로는 즐거움(fun)을 추구한다는 점을 들 수 있다. Youth는 고도로 발전된 전자제품을 통해서 자신의 즐거움을 극대화하기 위해서 노력하고 행동한다. PC, 휴대폰, 디지털카메라, MP3 플레이어 등은 Youth에게 '즐거움'이라는 속성을 가장 잘 채워 주는 제품들이다. Youth는 PC(데스크톱, 노트북)를 통해서 온라인 게임, (화상)채팅, 인터넷 검색, 영화 및 음악 감상 등 '즐거움'의 욕구를 채우고 있다. 또한 휴대폰은 과거의 음성통화, 즉 단순히 전화로서의 역할뿐 아니라 음악을 듣는 MP3 플레이어, 디지털카메라, 동영상 플레이어 등의 다양한 역할을 통해서 Youth에게 즐거움을 제공하고 있다. 아마도 이렇게 다양한 휴대폰의 속성이 확산되는 원인은 바로 휴대폰이 Youth에게 있어서 24시간 항상 자신과 가장 가까이 있는 커뮤니케이션 수단이기 때문이다. 이러한 Youth의 욕구는 현재 국내에서 연간 1,500만 대 이상의 휴대폰이 팔리는 이유를 설명해 줄 수 있을 것이다. 또한 2006년 8월 3일자 『월스트리트저널』은 유럽 시장에서 이동통신 단말기업체들이 가장 확고한 고객층인 10대들의 트렌드에 채널을 맞춘 서비스 출시 경쟁으로 여념이 없다고 보도한 바 있다.

2002년 이후 Youth에게 또 하나의 중요한 전자제품이 확산되기 시작하는데, 그것이 바로 '디지털카메라'이다. 과거의 카메라는 기억할 만한 순간들을 사진으로 저장하기 위한 단순한 저장매체였지만 디지털카메라는 기존의 카메라와는 전혀 다른 속성을 Youth에게 제공하면서, 유스 마켓의 핵심 제품으로 등장하였다. 그 결과 Youth들은 디지털카메라를 PC와 연결해서 자신의 뜻대로 자유롭게 자신의 감성을 표현할 수 있게 되었으며, 다양한 방법으로 편집하고, 인터넷 커뮤니티를 통해 자신의 작품을 서로 평가하면서 자신의 즐거움(fun)을 극대화할 수 있게 되었다.

(2) 행동적 속성

① 공유(sharing)

'공유(sharing)'는 디지털 문화를 접하면서 가장 강력하게 나타나는 속성인데, 사실 이는 소유욕이 강한 우리나라의 기존 정서와는 조화를 이루기 힘든 것으로 여겨졌다. 하지만 이러한 예상과 달리 우리나라의 Youth는 바로 이 '공유'를 바탕으로 디지털 문화를 한 단계 업그레이드하였다. 디지털 문화 속에서 공유의 태생적 특성은 '온라인 통신'에서 찾아볼 수 있는데 전화를 수단으로 하는 천리안, 유니텔, 하이텔 및 넷츠고와 같은 통신 서비스 인프라를 통해 '공유'의 문화가 자리를 잡기 시작했다. 그러나 이 시기의 '공유' 는 제한된 Youth층에서만 일어난 활동이었다. 하지만 인터넷의 보급은 '공유' 의 본질을 몇 단계 올려놓았고 제한 없이 PC에 접근 가능해지자 Youth는 이러한 공유 활동에 더욱 적극적으로 참여하게 되었다. 초기에는 정보를 중심으로 공유가 일어났지만, 점차적으로 즐거움(fun)을 공유하기에 이르렀다. 예를 들어, 디지털카메라로 자신이 직접 찍은 사진을 편집하여 웹사이트에 올려서 많은 사람들이 보거나 다운로드받도록 하면서 자연스럽게 평가를 받는 것 등이 있다. 이는 단순히 공유의 대상이 확대된 것이 아니라 공유의 질이 더욱 고도화되고 있다는 것을 보여 주는 것이다. 근래에는 법적인 문제에도 불구하고 P2P 서비스를 이용해서 자신이 가지고 있는 영화, 음악, 자료 등을 익명의 타인과 '공유' 하는 행동이 많이 일어나고 있다. 물론 이것은 무료 또는 저렴한 가격으로 자료를 얻고 즐거움을 공유할 수 있기 때문인데 이러한 공유 행동이 지나치게 가속화되면서 사회적인 문제를 야기하기도 한다. 하지만 Youth의 공유 행동을 제한하는 것은 쉽지 않을 것으로 보인다.

공유에는 여러 가지 조건이 필요하다. 우선 공유할 대상 있어야 하는데, 공유라는 것은 둘 이상의 개체를 필요로 하기 때문이다. 둘째로 상대방에게 줄 수 있는 무엇인가가 있어야 하며 또 그것이 상대방이 원하는 것이어야 한다. 셋째로 이러한 공유 행동을 가능하게 하는 인프라와 플랫폼이 있어야 하는데 여기에는 인터넷, 휴대폰, PC, 디지털카메라 등이 있다. 이러한 공유 행동을 가능하게 하는 인프라와 플랫폼은 Youth에게 있어서 필수적인 것이 되었고, 공유 행동을 강화하는 제품에 대한 욕구는 더욱 강해지고 있다. 현재 인터넷, PC, 디지털카메라는 공유 활동을 뒷받침하는 인프라와 플랫폼의 역할을 적절하게 수행하고 있다. 반면에 휴대폰은 적외선통신과 디지털카메라 기능을 통해서 공유 행동을 지원하고 있는데 디지털카메라로 찍은 사진을 '나' 의 친구와 애인, 가족에게 폰메일로 전해 주면서 휴대폰의 공유 기능이 더욱 가속화되고 있다. MP3 플레이어도 마찬가지로 공유를 지원하고 있다. 기존의 마그네틱 테이프는 자신만이 들을 수 있는 제품이었으나 MP3 플레이어는 여러 종류의 파일(음악, 영어 학습 등)을 MP3 플레이어 플랫폼을 가지고 있는 친구들과 공유할 수 있게 해 준다. 뿐만 아니라 플랫폼 간의 공유도 가능한데 PC, MP3 플레이어, PDA 등과 같은 플랫폼에서 공유가 일어난다. 따라서 어떠한 제품이 공유 행동을 강화하거나 지원하는 플랫폼으로서의 역할을 충실히 해낼 수 있다면 그 제품의 확산은 그렇지 않은 제품보다 훨씬 용이할 것이다.

② 즐긴다(enjoy)

Youth의 또 다른 행동적 특징은 '즐긴다'는 점이다. PC를 이용해서 인터넷 서핑을 즐기고, 디지털카메라로 찍은 사진들을 편집하면서 즐기며, 자신의 휴대폰의 벨소리를 즐긴다. 새로운 전자제품 중 빠르게 확산된 제품들을 보면 '즐긴다'는 속성을 충족시키는 제품이 주류를 이루고 있다. 특히 앞에서 언급한 PC, 디지털카메라, 휴대폰, MP3 플레이어 등은 Youth들의 '즐긴다'는 속성을 위한 하나의 플랫폼으로서의 역할을 수행하고 있다. 근래의 PC는 DVD, 5.1 채널 음향 및 스피커, TV와의 연결을 통해서 Youth들이 즐길 수 있는 플랫폼으로서의 역할을 하고 있고, 디지털카메라는 PC와의 연결을 통해서 사진을 자유자재로 편집할 수 있다는 것을 강조하고 있으며, 휴대폰은 화음, 카메라, 동영상 기능을 부가하여 기존의 휴대폰이 줄 수 없는 '즐긴다'는 속성을 제공할 수 있음을 강조하고 있다. 이러한 Youth의 특징들은 제조업체들이 Youth들에게 중요한 제품을 만드는 데에 엔터테인먼트 요소를 강화하는 요인으로 작용하고 있다.

③ 스피드(speed)와 즉각성(quick response)

디지털 문화와 관련하여 Youth층의 중요한 또 다른 행동적 속성은 스피드를 중요시한다는 점이다. Youth는 그들의 행동과 반응에 스피드를 요구하는 경향이 강하다. 우리나라에서 초고속인터넷의 빠른 확산은 이러한 행동적 속성이 자리를 잡고 있기 때문에 가능했다. 인터넷의 빠른 속도와 마찬가지로 PC의 경우도 CPU의 속도가 빠른 PC를 갖고자 하고 욕구가 상대적으로 높은 것은 당연한 일이다. 이러한 스피드의 추구는 PC뿐 아니라 휴대폰에서도 나타나고 있는데 휴대폰의 데이터 전송 속도는 현재 IMT2000 수준으로 변하고 있지만, Youth는 이러한 물리적인 스피드 외에도 휴대폰의 MP3 플레이어, 디지털카메라 기능 등을 이용하면서 다양한 형태의 스피드를 추구하고 있다. 항상 몸에 지니고 다니는 휴대폰의 MP3 플레이어 기능을 통해 언제라도 음악을 들을 수 있고, 휴대폰 카메라로 원하는 것을 찍을 수 있으며, 때로는 동영상 촬영까지 하고 있는 것이다. 이것은 스피드와 즉각성에 대한 Youth의 욕구가 제품 플랫폼을 통해 나타나는 현상이다. 이는 Youth를 주요 고객으로 하는 제품의 경우 이러한 스피드와 즉각성을 바탕으로 개발되었을 때 제품의 확산이 빠르게 일어날 수 있다는 것을 시사한다.

④ 언제 어디서나(anytime & anywhere)

'언제 어디서나'의 속성을 충족시킬 수 있는 제품은 바로 휴대폰이다. 그렇다면 Youth가 '언제 어디서나' 가장 원하는 속성은 무엇일까. 휴대폰의 근본 속성은 커뮤니케이션이라고 볼 수 있는데 음성으로 통화를 한다든지, 문자 메시지로 연락을 한다든지, 포토메일을 보내는 등과 같은 일련의 행동의 저변에 깔려 있는 것이 바로 이러한 커뮤니케이션의 속성이다. 특히 개방성은 '언제 어디서나'의 행동적 특성을 나타내는 것인데, 이러한 특성에 부합하기 위해서는 무엇보다도 '이동성(mobility)'이 필수적이다. 현재 개인의 디지털 플랫폼 중 이러한 이동성을 가장 많이 확보하고 있어 '언제 어디서나'라는 행동적 속성에 가장 잘 부합하는 것이 휴대폰이기 때문에 Youth의 다양한 행동(MP3 및 동영상 플레이어, 디지털카메라)이 휴대폰을 통해 일어나는 것이다.

이러한 이동성에 주목하면서 가장 중요하게 떠오른 화두는 '소형화'이다. 도서관 하나를 통째로 손톱만 한 크기에 담아내는 '메모리 반도체'와 핵심 기능을 구현하는 '시스템 반도체' 그리고 메모리와 시스템을 하나로 통합하는 '임베디드 시스템 메모리'까지, 반도체가 '디지털 컨버전스(digital convergence)'의 핵심이 된 지는 이미 오래다. 이런 이유로 반도체 기술은 디지털 컨버전스의 대상인 동시에 추진 주체로 여겨지고 있는데, 시스템 온칩(SoC)으로 대표되는 반도체의 컨버전스화는 '모든 핵심 기능을 칩에 집적하고, 그 칩에 껍데기만 입히면 제품이 완성되는 시대'를 예고하고 있다.[1)] 삼성전자의 독자 기술로 구현된 퓨전 반도체 '원낸드(OneNAND)'는 메모리 기능에 로직 기능을 추가로 탑재한 제품으로, 주로 고성능의 휴대폰과 PDA 등에 채택되면서 '한국 IT의 힘'을 과시하고 있다. 해외 선진 반도체 업체들도 이 기술을 이전받아 제품을 생산하려고 할 정도다. 또한 여러 종류의 메모리칩을 하나의 패키지에 적층하는 다중칩 패키지(multi-chip packages; MCP)도 삼성전자가 10층까지 개발하면서 한국이 주도하는 디지털 컨버전스 시대의 핵심 기술로 부상하고 있으며, 1칩 1패키지 방식의 일반 메모리 제품과 달리 응용처에 따라 필요한 메모리를 조합해 다양한 기능을 구현함으로써 모바일 기기의 소형화에 크게 기여하고 있다. 결국 반도체의 소형화는 소비자, 특히 Youth에게 더욱 강한 이동성을 부여하게 된 것이다.

2006년 4월 KT는 세계 최초로 무선인터넷 와이브로 상용 서비스를 시작했는데 이로써 이동전화와 DMB에 이어 본격적인 이동 인터넷 시대가 열리게 되었다. 와이브로의 상용화는 순수 국내 기술로 만들어진 서비스로 산학연관이 한데 모여 이뤄낸 성과라는 데 큰 의미가 있으며, 비슷한 시기에 서비스를 시작한 HSPDA와의 치열한 경쟁을 통해 유형 또는 무형의 가치를 형성할 수 있게 되었다. 따라서 이용자들, 특히 Youth는 주로 PDA와 노트북 PC를 이용해 이동 중에 이메일, 게임, 정보검색 등의 서비스를 사용할 수 있게 되어 후생 증대 효과가 발생한 것으로 평가된다.

2006년에는 위성 DMB와 지상파 DMB로 대변되는 이른바 '휴대이동방송'이 도약기를 맞게 되었는데 위성 DMB와 지상파 DMB는 TV의 새로운

1) 황창규 삼성전자 반도체 총괄 사장은 2005년 베이징대학교 초청 강연에서 "지난 20년간 반도체는 인터넷 중심의 정보화 시대를 이끈 PC 산업의 근간이 되어 왔다"면서 "반도체는 이미 성숙되고 있는 모바일 시대는 물론 미래의 생각하는 로봇, 유비쿼터스, 더 나아가 인류의 생활방식을 바꾸는 '디지털 컨버전스 혁명'의 중심에 설 것"이라고 강조했다.

패러다임으로, 흑백 TV에서 컬러 TV로의 변혁과 비견될 만하다. 이는 TV가 고정형이라는 상식을 깨고, 들고 다니면서 TV를 볼 수 있는 '이동형 시대'가 열렸음을 의미한다. 2005년 12월 개국한 KBS, SBS, MBC, YTN DMB, 유원미디어, 한국DMB 등 6개 지상파 DMB 사업자가 수도권 지역 방송을 시작했으며 2007년 KBS, MBC가 각각 전국 본방송 시대를 열게 되었다. 그 외에도 이후 지역 민방 6개사에 대해 추가로 허가하여 DMB 시청 가능권이 전국 면적 대비 75%에 이르고 있다. 그러나 이러한 DMB 기능이 소비자, 이동통신 단말기업체와 서비스업체 모두에게 가치와 만족을 제공할 수 있지만, 지속적인 서비스 개발이 이루어지지 않는다면 큰 어려움을 겪을 수도 있다. 왜냐하면 현재 DMB 사업자들은 자신들이 새로운 매체임을 강조하면서도 독특한 콘텐츠를 개발하기보다는 지상파 재송신에 의존하는 경향이 강하기 때문이다. 따라서 DMB 고객을 지속적으로 창출하기 위해서는 새로운 콘텐츠 개발 및 수신지역 확대 등의 노력이 지속적으로 필요할 것이다. 이러한 DMB 방송은 통신과 방송이 결합한 새로운 형태의 미디어로, 위성 DMB 수신 겸용 휴대폰(이른바 위성 DMB 폰)과 지상파 DMB 폰이 있기 때문에 가능하다. 이제는 통신기기가 방송 단말기로도 기능하는 셈인데 이를 통해 Youth가 시간과 공간의 개념을 뛰어넘어 디지털 영상, 음악, 방송 등의 콘텐츠를 즐길 수 있게 됨에 따라 기업들은 이러한 변화에 대응하기 위해 더욱 발 빠르게 움직여야 한다.

2 프로슈머의 등장

1) 제품의 기획부터 유통까지 소비자의 참여

'프로슈머(prosumer)'는 미래학자 앨빈 토플러(Alvin Toffler)가 그의 저서 『제3의 물결(The Third Wave)』에서 처음 사용한 단어이다. 그는 판매나 교환을 위해서라기보다 자신의 사용이나 만족을 위해 제품, 서비스 또는 경험을 생산하는 이들을 '프로슈머'라는 신조어로 지칭하였다. 즉 개인 또는 집단들이 스스로 생산(produce)하는 동시에 소비(consume)하는 행위를 '프로슈밍(prosuming)'이라고 한다.

앨빈 토플러는 『부의 미래(Revolutionary Wealth)』를 통해 이러한 프로슈머의 활동은 강력한 혁신의 초기 테스트 과정이며, 이는 화폐경제 내에서 수십, 수백억 달러 규모의 시장에 해당한다고 했다. 또한 자원봉사, DIY에서부터 각종 학술 연구까지 이미 예상보다 훨씬 커진 프로슈밍이 조만간 더욱 거대해져 새로운 프로슈머 기술들을 폭발적으로 발전시킬 것으로 내다봤다.

이러한 프로슈머의 등장은 네트워크의 발달, 소비자들의 제품과 시장에 대한 지식의 증가, 기업의 맞춤형 대량생산능력 확보 등이 결합된 산물이다. 제품에 대해 보다 많이 알고 있는 전문가 소비자들은 더 구체화된 요구를 가지게 되었으며, 소비자들이 수동적으로 물건을 구입하기만 하던 시대는 지나가고 있다. 전통적인 기업의 마케팅 활동은 기업 주도로 정보의 일방통행이 이루어졌지만 제품의 기획부터 유통의 과정에 참여함으로써 만족을 얻는 소비자, 생산하면서 동시에 소비하는 프로슈머들의 등장에 따라 고객의 표현과 참여가 증대되고 정보의 양방향 커뮤니케이션이 이루어지고 있다. 따라서 이전까지는 단순히 사용 소감을 작성하는 정도에 그쳤던 소비자들이 이제는 제품의 개발과 마케팅 방향까지도 결정하는 등 경영 전반에 막강한 힘을 행사하고 있다.

가전기업을 비롯해서 모든 산업 분야에 포진하고 있는 프로슈머들은 기업들의 새로운 생산품에 대해 적극적으로 반응하고 그들의 욕구를 이야기하며, 또한 그들이 관여한 제품의 특징과 장점을 주변에 알리는 구전 효과, 바이러스 마케팅(virus marketing)[2]에도 적극적인 모습을 띤다. 즉 제품이나

---

2) 바이러스 마케팅이란 입소문 마케팅의 한 유형으로, 마치 컴퓨터 바이러스처럼 확산된다고 하여 명명된 것으로 인터넷을 기반으로 네티즌들이 자발적으로 기업의 브랜드나 제품을 홍보하는 마케팅 기법을 말한다. 기업은 직접 홍보를 하지 않고 '보이지 않는 네트워크'를 통해 광고 효과를 얻는다는 점에서 기존의 광고와 판이하게 다르다.

서비스에 대한 자신의 경험을 다른 사람들과 나누는 동시에 다른 사람의 의견을 흡수해 나가며, 이를 다시 전파하는 오피니언 리더로서의 역할을 수행하고 있다.

이전까지는 고객의 불만을 처리해야 할 대상으로 여겼지만 이제는 기업들이 고객의 불만과 의견에 대해서 적극적으로 관심을 가지고 이를 통해 제품을 수정 · 개발해 가치를 창출하고 있으며 또한 제품을 내놓기 전에 실패의 위험을 줄일 수 있게 되었다. 이런 프로슈머들의 참여를 보다 전략적으로 이용하기 위해서 각 기업들은 이들의 참여를 독려할 수 있는 프로그램을 고안해 내고 있다. 제품 커뮤니티, 평가단, 모니터 요원, 고객제안, 아이디어 공모전 등 전방위에 걸쳐 프로슈머들의 참여를 독려하고 있으며 가전제품 역시 예외가 아니다.

프로슈머의 참여를 전략적으로 이용하는 마케팅을 '프로슈머 마케팅(prosumer marketing)' 이라고 하는데, 이를 통해 기업은 고객의 의견을 제품의 모든 분야에 걸쳐서 반영할 수 있게 되며, 이를 통해 고객의 만족도 증가시킬 수 있다. 또한 프로슈머를 통한 시장정보 획득으로 정보 획득 비용을 줄일 수 있다는 점도 간과할 수 없는 부분이다. 여기에 더해 제품개발에 관여한 소비자들은 해당 제품에 대해 보다 높은 충성도를 가질 수 있으며, 이들이 추후 오피니언 리더의 역할을 수행함에 따라 긍정적인 '입소문' 을 창출하는 데도 도움이 된다. 이전까지의 소비자 위상이 기업의 통제대상으로 여겨져 왔다면, 프로슈머 마케팅은 소비자를 거대 상대방이 아닌, 자신과 목적을 같이하여 윈-윈(win-win)할 수 있는 동업자(collaborator)로서 받아들인다.

2) 인터넷과 프로슈머

인터넷으로 대표되는 정보통신기술의 발달은 프로슈머의 확산에 큰 기여를 하였다. 이들은 자신이 관심 있는 분야에 대한 지식을 신속히 창출하고 다른 수많은 인터넷 사용자들이 접속하여 정보를 얻어 갈 수 있도록 그들의 홈페이지나 블로그, 커뮤니티의 게시판 등에 공개해 놓고 있다. 이들은 어떠한 보수를 받지 않아도 열정을 가지고 자신이 관심 있는 제품에 대해 평가하고, 칭찬 또는 비판하며 끊임없는 상호작용을 유도한다.

이전까지의 거래란 거대한 제조사와 개인의 관계에 불과하였다. 산업화 시대에는 기업이 수요를 관리하고 조정하며 공급을 극대화하는 등 생산성에 초점을 맞추어 비약적인 발전을 이루어 왔으나, 이후 제품이 다양화되고 공급능력이 수요를 훨씬 뛰어넘음으로써 소비자의 권리는 점점 향상되어 왔다. 소비자들은 리콜이나 보상, 불매운동 등을 통해 힘을 행사했으며, 기업 역시 고객을 세분화하고 타깃 마케팅(target marketing) 등의 다양한 고객 중심 마케팅을 진행시킴으로써 이러한 변화에 대응해 왔다.

고객 중심의 마케팅 활동을 가능하게 했던 바탕에는 기업들이 가지고 있는 고객 정보에 대한 데이터베이스가 있었다. 인터넷이 보편화되기 전 기업들은 IT 기술을 주로 비즈니스를 위해서 사용했었다. 그러나 고객의 정보를 수집하고 정리해 놓은 데이터베이스 프로그램을 통해 고객들을 좀 더 잘 이해할 수 있게 되었고, 그들의 니즈에 알맞은 제품개발 및 마케팅 활동을 펼칠 수 있게 되었다. 그러나 이러한 활동에 대해서 실제로 고객이 그 중심에 자리하고 있었다고는 하기는 어렵다. 왜냐하면 기업 간의 경쟁에서 소비자에 대한 정보를 획득하고 처리하는 능력은 중요한 경쟁우위의 요인이 되었지만, 소비자에게는 그 어떤 추가적인 정보도 돌아가지 않았기 때문이다. 즉 소비자는 충분하지 않은 정보를 가지고 기업이 가지고 있는 고객의 데이터베이스를 바탕으로 판단하고 실행한 액션에 대해 구매 내지는 비구매, 만족 또는 불만족, 재구매 등을 통해 반응하는 일방적인 커뮤니케이션이 이루어졌다.

그러나 인터넷으로 대표되는 IT 기술이 기업의 울타리를 벗어나 대중들의 실생활 속으로 파고 들면서 고객과 기업의 정보격차에 큰 변화를 가져오게 되었다. 인터넷은 언제나 접속할 수 있는 수많은 웹사이트와 웹페이지를 제공하여 시공간의 제약을 없앴고, 누구나 의견을 주고받을 수 있는 환경을 만들어 주었다. 그 결과 소비자들은 생산된 제품에 대해서 단순히 수동적으로 반응하는 것이 아니라 제품의 기획부터 생산, 판매에 이르기까지 전 과정에 걸쳐 영향력을 행사할 수 있게 되었다. 또한 제조사는 물론 유통과 금융기업들까지도 소비자들의 불만과 조언, 아이디어 등을 바탕으로 제품이나 서비스를 개발하고 보완 · 수정해 나가게 되었다.

그중에서도 인터넷의 도입을 통한 가장 혁명적인 변화는 바로 양방향 커뮤니케이션이 가능해졌다는 것, 즉 진정한 의미의 '소비자 중심' 이라는 것이 가능해졌다는 데 있다. 기업에서 일방적으로 소유하고 있던 정보의 장벽이 붕괴되면서 소비자들이 오히려 기업보다도 많은 정보를 가지고 있는 경우도 생겼으며, 소비자들은 이러한 정보를 '인터넷' 이라는 미디어를 통해 대중에게 알리고 있다. 자신들이 알고 있는 것들과 바라는 것들에서부터 제품에 대한 불만, 필요한 기능까지 모든 것에 대해 누구나 접속할 수 있는 인터넷 공간에 펼쳐 놓음으로써 제품이나 서비스를 구매하려고 하는 소비자들은 물론 그 제품과 서비스를 생산하는 생산자에게까지 영향을 주게 되었다. 일방향 의사소통만이 가능했던 시기에는 기업들이 보다 큰 시장에서 보다 많은 소비자들을 대상으로 보다 높은 시장 점유율과 수익을 올리기 위해 대형 캠페인 형태로 진행되었던 대중 마케팅과 더불어 소규모 매스 마케팅으로 부를 수 있는 세그먼트별 상품 중심의 타깃 마케팅을 실시해 왔다. 그러나 이제는 인터넷이라는 새로운 매체의 등장으로 소비자에 대해서 일대일로 대응할 수 있는 통로가 만들어졌으며, 소비자들의 니즈를 정확히 읽고 이들의 생각을 반영하여 지속적으로 제품을 개선해 가고 있다. 즉 IT 기술의 발전과 인터넷 시대의 도래로 보다 고객 중심적이고, 관계의 질과 폭을 중시하는 시대가 가능하게 되었다고 볼 수 있다.

인터넷이 발전함에 따라 기업은 그들의 데이터베이스를 토대로, 인터넷을 통해 고객과 일대일로 대응할 수 있게 되었으며 소비자들은 상호작용적인 커뮤니케이션이 가능해졌다. 여기서 초점이 되는 것은 '소비자들의 상호작용적인 커뮤니케이션' 으로, 일부 소비자들은 인터넷을 통해 제품과 서비스에 대해 적극적으로 자신의 의사를 표현하고 알림으로써 상품의 개발과 향후 제품의 구매 의도자에게 영향을 주고, 그 유통에까지 참여하는 프로슈머로서 등장하였다.

오늘날은 어떤 제품이나 서비스에 관심이 있거나 구매하고자 하는 소비자가 자신이 생각하는 제품이나 서비스에 대해 포털 사이트에 입력하기만 하면 기업 홈페이지, 소매상 홈페이지, 가격 비교 사이트 등의 기타 홈페이지, 블로그, 커뮤니티, 지식검색 등 다양한 정보들을 접할 수 있게 되었다. 즉 기업이 만들어서 제공하는 정보는 물론이고, 다양한 이해관계자들은 물론 해당 제품에 관심을 가진 프로슈머들이 작성한 내용까지도 커다란 어려움 없이 접할 수 있게 된 것이다. 이러한 내용에는 제품과 서비스에 대한 설명부터 가격, 구입상담, 구입후기, 제품 및 서비스에 대한 전문적인 리뷰, 불만, 특정 제품에 대한 추천 등 제품에 관련한 광범위한 자료들이 망라된다.

따라서 기업들도 이제 더 이상 불특정 다수에 대한 매스 마케팅만으로는 시장에서 살아남기 어렵다는 판단을 하게 되었으며, 제품에 대한 전문적인 지식과 다양한 시각을 가지고 오피니언 리더의 역할을 하고 있는 프로슈머들의 다양한 의견과 불만에 귀를 기울이고 이를 적극적으로 제품과 서비스에 반영하기 위해 노력하고 있다.

3) 가전산업에서의 프로슈머 마케팅

인터넷의 확산과 더불어 개별 소비자의 의견이 빠른 시간 안에, 손쉽게, 널리 알려질 수 있게 되면서 프로슈머 마케팅은 e-마케팅의 핵심으로 여겨지고 있다. 기업은 과거 이러한 프로슈머적인 성향을 가진 소비자들로 제품평가단을 운영하거나 얼리어답터(early adopter)를 통해 시장반응을 평가하는 등 이들을 소극적인 방법으로 활용했다. 그러나 이후 인터넷이 보편화되면서 프로슈머들의 영향력은 점차 커지게 되었는데, 오늘날의 소비자들은 물건을 구매할 때 가장 먼저 취하는 행동이 해당 제품과 관련된 제품사용기나 평가(리뷰) 등을 읽는 것이 되었기 때문이다. 품목에 따라서는 신제품 출시와 동시에 해당 품목에 관심 있는 커뮤니티들이 속속 생겨날 정도로 소비자들 간의 정보 공유 및 확산은 매우 빠르고 활발하게 나타나고 있다. 어떤 경우는 제품 출시 후 해당 제품과 관련된 인터넷 커뮤니티의 회원 수가 얼마인지가 인기나 관심도를 나타내는 지표가 되기도 한다. 따라서 기업들은 이러한 프로슈머들을 제품의 기획에서부터 전 부문에 걸쳐 활용하는 등 보다 적극적인 프로슈머 마케팅을 전개하고 있다.

이러한 프로슈머들은 주로 인터넷 커뮤니티를 기반으로 활동하며, 제품에 대한 여론을 주도하는 역할을 맡고 있는 경우가 많은데, 기업이 이러한 여론을 빠르게 반영하지 않아 어려움에 처했던 예로는 캐논의 LG상사를 통한 디지털카메라 'EOS10D'의 국내 시판을 들 수 있다. 디지털카메라 동호회인 'SLR 클럽' 게시판과 애프터서비스 게시판 등에는 이 카메라의 초점 기능이 이상하다는 의견들이 올라왔고, 'SLR 클럽'은 LG상사 쪽에 이 문제에 대한 적극적인 해명과 공개 테스트를 제의했으나 LG상사는 이를 무시하고 늦장 대응을 하여 결국 불매운동까지 벌어졌다. 이는 고객의 불만사항에 대해서 적극적으로 대응하지 못하는 경우 안티 사이트 개설과 불매운동으로 이어져 기업 전체 브랜드에 큰 악영향을 끼칠 수 있다는 사실을 잘 보여 주고 있다.

따라서 기업은 더 이상 이와 같은 프로슈머들을 외면할 수 없게 되었다. 그런데 이들은 신제품 개발에 결정적인 역할을 하기도 하고 마케팅 활동에 악영향을 끼칠 수도 있는 반면 크나큰 후원자가 되기도 하는데 이는 몇몇 기업에 국한하여 나타나는 현상이 아니다. 즉 기업의 마케팅 활동에 있어서 프로슈머는 단순한 소비자를 넘어서 생산과 유통에 직접 관여하는 생산 소비자로서 점점 그 세력이 커져 가고 있다.

현재 기업들은 '소비자의 의견대로 만든다'라는 모토를 가지고, 제품의 기획부터 생산까지 소비자가 참여하는 프로슈머 마케팅에 적극적으로 나서고 있다. 기존의 고객 참여 프로그램이 단순히 제품 리뷰와 리서치를 대상으로 했다면, 이제는 제품의 기획, 디자인에서부터 리서치까지 다양한 활동의 주체로서 그 영역을 넓혀 가고 있는 중이다.

LG 싱크패드(ThinkPad)의 경우 제품 출시에 LG 노트북 구매자들이 결성한 싱크패드 클럽 프로슈머들의 의견을 반영하였다. LG는 일정 규모의 평가단과 모니터요원을 모집하여 기업에게 필요한 마케팅 정보 전달 활동을 장려했는데, 싱크패드 R30의 경우 평소 확장성을 높여야 한다는 이들의 지적에 따라 DVD, CD-RW, CD-ROM, 2차 HDD 등을 장착할 수 있게 하는 등 제품 사양을 변경하여 출시하게 되었다. 이후에도 LG는 일정 규모의 평가단과 모니터 요원을 유지하면서 제품 사용에 관한 경험을 공유하고, 소비자의 트렌드 및 경쟁사 동향 파악, 아이디어 수렴 등을 통해 인터넷 커뮤니티를 기반으로 하는 프로슈머 그룹에서 정보를 얻고 이들에게 혜택을 줌으로써 성공적인 제품개발을 이루었다.

또한 유행에 민감한 소형 가전인 휴대폰에서 프로슈머 마케팅이 보다 두드러지게 나타나고 있으며, 기타 TV 및 에어컨 등 다양한 가전제품에도 프로슈머 마케팅이 적용되고 있다.

삼성전자는 '애니콜 드리머즈' 라는 프로슈머를 통해 휴대폰의 기획과 디자인, 마케팅 등에 대한 다양한 제안들을 수렴하고 있는데 '드리머즈' 로 뽑히면 제품의 사전 사용과 리서치 작업 등 단순 고객 참여 범위에서 벗어나 기획, 디자인, 연구에까지 참여하게 된다. 또한 삼성전자는 휴대폰 관련 인터넷 커뮤니티 네 곳에서 활동하고 있는 애니콜 사용자들과 함께 '애니콜랜드 고객 초청 간담회' 등을 개최하고 있다. 이러한 간담회에는 휴대폰 상품기획 및 고객지원 담당자들이 참석하여 커뮤니티 회원들과 휴대폰 시장의 트렌드 분석은 물론, 모바일 콘텐츠 활용을 위한 PC와의 연동 방안 등에 대해 다양한 의견을 제시하고 있다. 삼성에서 출시한 슬림 슬라이드 폰(SCH-V840/SPH-V8400/SPHV8450)에 적용된 '통신제한' 기능도 프로슈머들의 의견을 반영한 결과이다. 그 밖에도 삼성전자는 컴퓨터(자이제니아), 프린터(프린터 패널) 등의 품목에서 프로슈머 모임을 운영하고 있다.

LG전자는 DMB 겸용 MP3 플레이어인 '앤 뮤직 DMB' 를 개발할 때 기획단계부터 프로슈머를 참여시켰고, 이 제품은 출시 1개월 만에 1만 5,000여 대가 팔리는 히트를 기록하였다. 또한 '초콜릿폰' 의 경우 개발 과정에서 1,000여 건의 아이디어를 접수받았는데, 이것이 이 제품이 총판매량 40만대에 육박하는 큰 성공을 거두는 데 일조를 했다고 평가된다. 이후 LG전자는 소비자 평가단인 '애니아'에게 노트북, LCD 모니터 등을 지급하고 이들의 반응을 제품의 기획 등에 적극적으로 반영하고 있다. 또한 에어컨에 있어서도 LG전자는 고객들의 의견을 반영하여 사진 교체 액자형 에어컨을 출시하였다. 또한 휘센에 적용할 유명 화가의 작품을 프로슈머들을 통해 선정하고 있다.

현재는 팬택앤큐리텔에 인수된 SK텔레텍의 SKY 휴대폰의 경우 과거에 SKY폰을 좋아하는 사람들의 모임인 '스사모'가 인터넷 커뮤니티에서 다양한 활동을 하고 있었다. 이에 SK텔레텍은 이들에게 신제품을 먼저 사용해 볼 수 있는 권한을 제공했고, 이들의 통화비용을 부담하는 시험용 번호를 제공했으며, 한 달 후 시제품 사용후기를 통해 소프트웨어 버그나 오류 등에 대한 내용을 보고받고, 필요한 신기능에 대해 의견을 수렴하고자 했다. 이들은 멀티태스킹(multitasking) 기능(음악, 문자, 게임을 동시에 할 수 있는 기능)을 요구했고, SK텔레텍 측은 당초 일부 기종에 한해 채택하려던 멀티태스킹 기능을 확대해서 적용하기도 했다.

이후 SKY를 인수한 팬택앤큐리텔은 'SKY 리더'라는 제도를 통해 프로슈머의 활동성과에 따라 신제품을 무상으로 나누어주는 프로그램을 운영하고 있으며, 또한 '디자인 커뮤니티'의 운영을 통해 휴대폰을 직접 디자인하게 함으로써 혁신적인 디자인을 개발하고 이들을 통해 자신의 휴대폰을 알리며, 재능 있는 디자인 인력의 조기 발굴에도 이용하고 있다. KTF 에버의 경우도 신제품을 먼저 체험하고 의견을 내놓을 고객체험단인 '에버 스타일리스트'를 운영하고 있다.

PDA폰 전문기업인 싸이버뱅크의 경우 스마트폰 신제품을 출시하기에 앞서서 얼리어답터 커뮤니티 '클리앙' 회원들을 대상으로 베타테스트를 진행했다. 이후 이들의 의견을 반영하여 제품을 개선하고 보완하면서 출시를 한 달 가까이 연기하였다. 프로슈머들은 휠 버튼을 적용하여 편의성을 개선할 것과 멀티미디어 기능을 강화할 것을 주문했고, 이를 반영함으로 해서 제품 경쟁력을 높이게 된 것은 물론이고, 제품을 미리 경험해 본 회원들이 지속적으로 사용후기를 올리면서 입소문이 퍼져 기대 이상의 판매고를 올렸다.

제품의 품질이 좋지 않다거나 안정성 등에 문제가 있는 제품들은 인터넷을 기반으로 한 프로슈머들에 의해 발견되고 지적당하면서 더 이상 발붙일 곳이 없게 되었다. 이에 기업들은 프로슈머의 역할이 제품의 성패를 넘어 기업의 성패까지 좌우할 수 있다는 점을 인식하고, 제품의 혁신적 기획에서 제품 보완뿐 아니라 입소문에 이르기까지 프로슈머 마케팅의 이용을 점차 늘려 갈 것으로 보인다.

제 V 장

시장 변화에 따른 마케팅의 변화

1 판의 변화, 시장의 변화

1) 변화의 바람

컴팩과 HP의 합병, IBM의 몰락과 변신, 삼성전자와 현대자동차의 해외 위상 강화 등 2000년을 전후로 국내 시장은 급격한 변화를 경험하였다. 그리고 지금도 그 변화의 흐름은 또 다른 형태로 계속되고 있다. 그 변화의 폭과 내용은 단순히 환경의 변화라고만 설명하기에는 무엇인가 근본적인 변화가 감지된다. 환경의 변화와 대응은 매년 반복되어 온 기업의 일상적인 과제였지만, 최근의 환경 변화는 과거와의 연속선상에서 관리할 수 있는 성질의 것이 아니다. 기업의 환경에 대단절이 발생하고 있기 때문이다. 특히 최근에 화두가 되고 있는 디지털 컨버전스(digital convergence)나 유비쿼터스(ubiquitous) 등과 같은 새로운 용어들은 이런 변화를 알리는 신호탄인 양 매일 지면을 장식하고 있다.

2) 새로운 태풍들

이런 지각 변동을 일으키는 요인에는 어떤 것이 있을까? 기업에 영향을 미치는 환경 요인은 복합적으로 작용한다. 기업이 미처 감지하지 못한 환경 변화가 때로는 심각한 요인으로 작용하기도 한다. 일례로 기업들은 인터넷 커뮤니티의 활동을 대수롭지 않게 여기거나 조금 관심을 가진 기업이라 할지라도 고객과의 상호작용 증대를 통한 광고나 판매 기회로만 파악해 왔다. 즉 시장 기회 요인 측면에서 하나의 요인으로 생각을 했지 이것이 기업의 중요한 환경 변화로 이어질 것이라고는 생각하지 않았던 것이다. 그러나 최근 안티 사이트의 일반화, 인터넷 커뮤니티의 불매운동이나 소비자 공동구매의 대중화, 더 나아가 인터넷 상품평을 보고 제품을 구매하는 소비자들이 늘고 제품의 출시 전부터 프리어나운싱(preannouncing) 형태의 인터넷 커뮤니티가 활성화되는 현상은 소비자 전문가들의 출현과 함께 기업의 거시 환경에까지 영향을 크게 미치고 있다.

이렇게 미묘하고 복잡하게 얽힌 환경 요인들을 단적으로 설명하기는 어렵다. 여기서는 크게 네 가지 측면에서 어떤 환경 변화가 판의 변화를 초래하는지 살펴보고자 한다.

첫째는 가치 중심의 신공동체의 출현으로 대변되는 사회적 변화이다. 과거의 한국 사회는 혈연 · 지연 · 학연 중심, 즉 초기에 형성된 관계가 오랜 기간 고착되는 공동체 사회였다. 그러나 최근 등장한 인터넷은 이런 공동체 의식을 변화시켰다. 세계에서 유래를 찾을 수 없을 만큼 빠른 초고속인터넷의 확산과 휴대폰으로 가능해진 모바일 문화의 확산은 기존의 수직적 · 정적 공동체의 의미를 수평적 · 역동적 공동체, 즉 가치 지향적인 커뮤니티로 변모시켜 나갔다. 공동체가 수평적으로 바뀌었다는 것은 공동체 내 위계의 변화와 더불어 정보의 평등화와 실시간 전파를 이끌어 냈다. 이런 변화는 기업에게 큰 위기와 기회를 동시에 제공하게 된다. 과거 대부분의 기업들이 이전에 접해 보지 못한 인터넷 쇼핑 등 새로운 형태의 유통에 대해 어떻게 대처해야 할지 몰라 큰 혼란을 겪었으며 그 혼란은 지금도 계속되고 있다.

또한 커뮤니티를 통한 제품, 서비스, 가격 정보의 빠른 확산은 시장의 주도권을 기업에서 점차 고객 쪽으로 이동하게 만들고 있다.

공동체의 변화 속도가 빨라지면서, 기업도 과거의 전통적인 STP(segment, targeting, positioning) 전략을 가속화할 필요성이 커지고 있다. 고객 생애주기 같은 혈연에 바탕을 둔 전통적인 시장 세분화와 수시로 가입과 탈퇴가 가능한 새로운 커뮤니티의 형성이 빈번한 공동체에 대한 시장 세분화 간에는 어느 기업이 얼마나 빨리 얼마나 적절한 솔루션을 타깃 고객에게 제공하는가의 영향 정도가 다르다. 특히 전자제품과 같이 하이테크적 성향이 강한 제품군의 경우에는 상대적으로 열등하지만 시장에 먼저 진입한 제품이 우월한 제품을 밀어내는 일이 자주 벌어지고 있다. 즉 새로운 공동체의 특징을 이해하고 그들의 잠재된 니즈를 상품을 통해 가치로 전달하는 작업의 신속성이 경쟁의 핵심 요인이 되고 있는 것이다.

둘째는 디지털과 네트워크, 서비스 모델의 복합화 등 차세대 바람으로 이해될 수 있는 산업의 변화 트렌드이다. 전화기의 역사를 생각해 보자. 20세기 초 벨(Alexander Graham Bell)이 전화기를 발명한 이후 형태나 크기는 다양하게 개선되어 왔지만 탄소판을 이용해 음성을 전달하는 전화기의 원리는 100여 년의 세월 속에서도 변함이 없었다. 즉 제품혁신을 불러일으킬 만한 결정기술(defining technology)의 변화는 일어나지 않았던 것이다. PDP와 LCD TV의 등장, 드럼세탁기, 스탠드형 김치냉장고의 등장, 스마트폰을 비롯하여 다양한 형태의 포스트 PC의 등장과 도약은 이러한 현상을 대변하고 있다. 이렇듯 안정적인 기술을 바탕으로 점진적인 개선을 취해 오던 전자제품들이 최근에는 과거와는 다른 속도로 시장 단계를 뛰어넘어 차세대 제품으로 바뀌는 경향이 나타나고 있다. 그러나 최근 10여 년 사이 전화의 기술은 CDMA를 넘어 WCDMA와 같은 무선통신 기술의 비약적인 발전과 컨버전스의 집합체이면서도 다양한 킬러 애플리케이션(killer application)[1]이 등장했

1) 증기기관, 금속활자, 자동차, 안경, 컴퓨터, 인터넷 등과 같이 시장에 나오자마자 산업을 변화시키고 시장을 재편해 경쟁 제품을 완전히 몰아내는 등 원래 의도했던 사용 목적을 훨씬 뛰어넘어 사회를 변화시킬 정도로 막대한 영향력을 미치는 혁신적인 상품이나 발명품을 일컫는다.

다. 또한 VoIP 인터넷 전화는 요금체제에 혁명을 가져왔으며 가입자 간 무료 통화라는 네트워크 효과를 이용하여 유선 전화기를 점차 역사의 뒷길로 몰아내려 하고 있다. 특히 디지털 방송 개시, 유비쿼터스 네트워크 등장, 홈네트워킹의 불씨 같은 촉진 요인들은 새로운 차세대 제품을 경쟁적으로 고객의 문 앞까지 전달하면서 경쟁의 판을 바꾸고 있다. 이런 차세대 제품의 특성은 단지 제품의 판매로 끝나지 않는다는 것이다. 고가·고기능 제품의 사용가치를 극대화하기 위해서는 제품에 대한 교육, 다양한 사용 가능성을 보장하는 솔루션의 부가, 볼륨 확대를 위한 가격 정책 등 기업이 해결해야 할 많은 과제가 남아 있다.

셋째는 시장에서의 기업 간 협력과 경쟁의 확대로 이해할 수 있는 시장 논리의 변화 트렌드이다. 전자제품과 같은 하이테크 기업들은 여러 측면에서 전통적인 굴뚝 산업보다 큰 위험에 직면할 수밖에 없다. 흔히 카지노 경쟁 혹은 승자승(winner takes all) 경쟁으로 비유되듯이 각 분야에서 선도적 위치를 가진 한두 기업만이 살아남을 것이라는 예측이 타당성을 얻고 있다. 과거 정부와 정보통신부가 강력하게 구상하던 SK텔레콤, KT, LG텔레콤 등 통신사업자의 인위적인 3강 구도는 이런 급격한 변화 속에서 정부의 노력만으로는 현실적으로 달성하기 어려운 목표이며, 이와 같은 작위적인 개입을 통해서 이미 만연한 새로운 시장 논리를 극복하기 어렵다는 것이 입증되고 있다.

이런 위험 속에서 기업들은 생존을 위해서 점차 방만한 분산보다는 전문화를 선택하게 될 것이다. 왜냐하면 전문화를 선택하여 특정 시장에 집중함으로써 승자가 되는 것이 용이해지기 때문이다. 그러나 고객의 요구는 너무나 다양해서 이런 전문성을 추구하는 기업들조차 도저히 그 요구를 충족시키기 어려운 것이 사실이다. PC의 경우도 PC를 사용하려는 고객이 단순히 제품만을 원하던 시대는 지나갔다. 오늘날의 고객들은 이에 더하여 네트워크의 구축이라든지 애플리케이션 등 적절한 솔루션의 제공을 추가적으로 요구하고 있다. 이런 요구를 해결하기 위해 기업들은 고객이 요구하는 솔루션을 제공하는 데 필요한 기업들과 전략적 제휴나 공동 마케팅 등을 전개하고 있다. 예를 들어, 삼성은 현재 마이크로소프트, KT 등 국내외 주요한 제휴선을 통해 고객이 요구하는 가치를 전달할 수 있는 가치사슬(value chain)을 구성하고 있다.

또한 기업은 단순히 고객의 요구를 들어주는 것을 넘어서 시장의 독점적 지위를 강화하기 위한 수단으로 제휴를 활용하기도 한다. 이를 통해 표준화를 선점함으로써 산업 내에서 보다 우월한 지위를 확보할 수 있기 때문이다. 이미 오래전 VHS와의 Beta 표준 경쟁에서 이런 교훈을 뼈아프게 깨달은 소니는 새로운 시장에서는 같은 실수를 되풀이하지 않기 위해 메모리 스틱, DVD-R 표준 등 삼성전자와 같은 적과의 동침도 마다하지 않고 있다. 블루레이 진영과 HD-DVD 진영 간의 표준 경쟁은 소비자에 의해 표준이 선택되기를 기다리고 있다. '이른바 총성 없는 제3차 대전' 이라고도 불리는 표준 전쟁에서 제휴는 더욱 활성화될 것으로 보인다.

마지막으로는 기술의 변화를 이야기해야 할 것이다. 기술의 변화는 기업과 소비자들에게 어떤 영향을 미치는가? 우선 기업의 변화는 제품과 마케팅의 변화에서 찾아볼 수 있다. 다양한 신기술과 신공정들이 기업에 도입되었지만 가장 핵심적인 변화로 디지털화된 기기들이 네트워크로 연결되는 것을 들 수 있다. 아날로그 시대에서 디지털 시대로 오면서 경박단소(輕薄短小)와 기능의 융 · 복합이 용이해지고 제품의 성능과 신뢰성이 개선되고 있다. 최초의 캠코더는 캠코더와 녹화기를 2개의 가방에 메고 다니는 중장비였지만 지금은 손바닥 안에 쏙 들어갈 정도로 작은 캠코더들이 월등하게 뛰어난 화질을 보여 주고 있다. 또한 이런 첨단 디지털 기기가 단순히 독립체로 머무는 것이 아니라 네트워크에 접속되면서 본연의 가치를 확대 재생산하고 있다. 소니 워크맨은 원래 혼자 듣기 위한 기기였지만 최근의 Net MD 같은 경우에는 음악을 CD나 테이프로 듣는 것이 아니라 웹사이트로부터 다운로드해서 듣도록 개발되고 있다. 이를 통해 이용자는 단지 원하는 노래 한 곡을 듣기 위해 CD를 다 살 필요 없이 언제 어디서나 원하는 노래만을 듣는 것이 가능하게 되었을 뿐만 아니라 커뮤니티를 통한 음악 정보 공유, 아무리 들어도 음질에 손상 없는 완벽한 원음 구현 등의 혜택을 즐기고 있다. 기업 측면에서도 기술의 변화는 고객과의 관계를 점차 변화시키고 있다. 얼마 전까지만 해도 왕도로 여겨지던 세분화 마케팅도 CRM(customer relationship management)이 등장하면서 이제 일대일 마케팅으로 그 개념이 바뀌고 있다.

소비자들 역시 아직 많은 사람들이 체감하고 있지는 못하지만 기술 변화에 따른 큰 변화를 앞두고 있다. 홈네트워킹이 그려 주는 다양한 꿈들, 인터넷을 통한 편리한 생활, 모바일 오피스 등 새로운 기술 환경의 세례 등이 아직까지는 먼 이야기처럼 들리지만 갈수록 빨라지는 기술 변화 속도를 고려할 때 머지 않은 장래에 일상으로 다가설 것이기 때문이다.

3) IMF의 경험으로부터 배우는 변화와 생존

이런 급격한 변화 속에서 기업은 어떻게 살아남을 수 있을까? 한국 기업들은 이미 한 차례 심각한 판의 위기를 경험한 바 있다. 다시는 겪고 싶지 않은 아픈 기억이지만 그 가운데서 교훈을 발견하고 지침으로 삼기 위해 지난 경험을 되짚어 보도록 하겠다.

IMF 쇼크는 소비자의 소득 감소와 중산층 붕괴 등 기업에게 큰 위기를 불러 왔다. 소비자들은 기본적인 생활 욕구를 유지하기 위해 불필요한 지출을 줄였고 그 결과 생산과 판매가 모두 크게 감소하였다. 그 감소의 폭은 일반적인 경기 변동의 수준을 넘어 많은 기업들을 생사의 위기로 모는 파괴력을 가졌으며 동시에 소비자의 의식 수준도 변화시켰다. 이로 인해 소비자들은 신용카드의 무분별한 사용과 미래에 대한 근거 없는 낙관으로 인한 사치와 낭비로부터 돈의 가치를 다시금 깨닫게 되었으며, 보다 세심하고 신중하게 구매 결정을 내리게 되었다.

이러한 환경 변화 가운데서 살아남기 위해 대부분의 기업들은 소비자의 낮아진 구매력을 감안하여 저가의 제품을 내놓았지만 그것이 시장의 판을 돌려놓지는 못했다. 가전 시장의 경우도 마찬가지였다. IMF 상황을 극복하기 위한 방안을 마련하기 위해 기업마다 경쟁적으로 시장조사를 실시했지만, 그 결과는 '고객들이 저가를 원한다' 는 말만을 되풀이할 뿐이었다. 이런 상황에서 제조사들은 경쟁적으로 저가형 모델을 출시하며 빈번한 할인 판촉을 통해 구매력을 되살리기 위해 노력했지만 결과는 그다지 나아지지 않았다. 오히려 시간이 흐를수록 빈익빈 부익부는 점점 더 심화되었고, 그나마 고급품에 대한 수요만이 시장의 활력을 꾸준히 유지시켜 주고 있었다. 삼성전자는 이 시기에 고급 모델들을 시장에 대거 투입했는데, 삼성전자의 주력 고급 백색가전제품인 지펠 냉장고가 본격적으로 시장에 알려진 것도 이 무렵이다.

그렇다면 왜 이런 현상이 발생했는지 먼저 되짚어 볼 필요가 있다.

첫째로 소비의 양극화 현상을 들 수 있는데, 실제로 IMF의 충격은 매우 컸지만 그 체감 정도는 하이엔드 집단과 일반 중산층 간에 큰 격차가 있었다. 다시 말해 하이엔드 집단에서는 어려운 시기에도 구매력을 충분히 지속시킬 수 있는 여유가 어느 정도 존재했지만 중산층은 그렇지 못했다.

또 다른 원인으로는 빈곤의 시대가 지닌 소비 특성을 들 수 있다. 우리가 흔히 옷은 많은데 입을 옷이 없다는 이야기를 할 때 '풍요 속의 빈곤' 이라는 표현을 쓰곤 하는데 이는 전자제품의 소비에도 적용이 가능하다. 어려운 시대일수록 소비자는 단순히 싼 제품을 사는 것이 아니라 현명한 소비를 해야 한다. 그렇다면 현명한 소비란 과연 무엇일까? 그것은 구매 시점에서의 제품 가격만을 제품 구매 의사의 결정 요인으로 보는 것이 아니라 제품의 전체 수명 주기를 고려하여 가치를 측정하는 것을 뜻한다. 좋은 제품은 체험해 보면 그 가치를 알 수 있으며 흔히 명품이라고 불리는 것들은 그 제품이 가진 가치와 성능의 우수함으로 인해 싸구려 제품보다 더 오래 사용할 수 있다는 특징이 있다.

이러한 소비자의 의식 변화는 제품의 구매에 반영되어 그 결과 IMF 시대에도 하이엔드 시장이 국내 시장을 활성화하는 데 일조했으며, 이는 최근의 고급화 · 사회화 추세와도 적절히 부합된다고 볼 수 있다. 즉 고가치 제품이란 단순히 고가의 제품만을 의미하는 게 아니라 장기적인 관점에서 고객의 이익을 극대화하고 재무적인 위험을 감소시키는 동시에 고객의 자존심을 지켜주는 고객성공의 제품을 뜻하는 것이다.

IMF의 위기에 대응한 삼성전자의 전략에서도 볼 수 있듯이 변화를 초래하는 것은 고객이지만 급격한 변화 속에서 생존하는 방법을 쥐고 있는 것 또한 고객이다. 따라서 기업은 고객 속에서 답을 찾아야 하며, 다양한 고객의 가치를 이해하고 이를 가장 효율적으로 전달하는 가치 제공 체계를 구축하기 위한 노력을 멈추지 말아야 할 것이다.

4) 판의 변화에서 살아남기

과거 IMF의 교훈과 현재의 급변하는 판의 변화를 고려할 때 앞으로의 기업 환경은 더더욱 어려워질 것으로 예측할 수 있다. 따라서 이런 변화 가운데 살아남기 위해서는 기업들이 어떤 노력을 기울여야 하는가에 대한 진지한 고민이 필요하다.

변화를 이해하고 판의 변화를 슬기롭게 헤쳐 나가기 위해서 전자제품업체들은 어떤 노력을 기울여야 하는가? 그 노력은 크게 변화에 대한 상시적인 감지 체계의 구축과 이에 대응할 수 있는 준비 자세의 확립에 있을 것이다. 이를 다시 풀어 보면 다음과 같다.

첫째, 기업의 생사에 영향을 미치는 환경 변화를 감지하기 위해서는 시장에 대한 적절한 분석과 프로세스의 구축이 필요하다. 위험에 대한 올바른 인식 없이는 적절한 대응이 이루어질 수 없다. 향후 미래의 시장은 어디에서 창출될 수 있는가는 현재의 상황에서 답을 찾기보다는 예측된 미래에서 가능성을 탐구하는 노력, 즉 마켓의 센싱(sensing)이 필요하다. 센싱이란 감지와 이에 대응하는 반응을 모두 포함하는데, 마이클 포터(Michael Porter)가 주창한 공급자의 교섭력, 구매자의 교섭력, 잠재 경쟁자의 위협, 대체재의 위협, 산업 내 경쟁관계 등 다섯 가지 경쟁 요인(five forces)에 대해서 기업은 지속적으로 변화를 감지할 수 있는 체계의 구축이 필요하다. 이러한 센싱 활동에는 VOC, 마켓 리서치나 고객조사는 물론 PR 및 IR에의 반응, 최고 경영진의 정보 수집 활동 등도 포함된다.

둘째, 감지된 변화에 대한 해석이 필요하다. 미래의 환경 변화 중에는 위험 요인과 기회 요인 그리고 아직 위험인지 기회인지조차 판단하지 못하고 있는 요인들이 있다. 이런 환경 변화 요인들을 기업의 특성과 독특한 환경 시스템과 결합하여 재해석하는 작업이 필요하다.

셋째, 해석된 위험 요인에 대해서는 실제로 발생하기 전에 준비하는 단계, 그리고 기회 요인에 대해서는 적극적으로 시장을 개발하고자 하는 방향성이 필요하다. 이것을 새로운 비전과 새로운 마케팅 자산의 구축이라고도 표현할 수 있을 것이다.

2 가속화되는 시장분화

1) STP를 넘어서

오늘날 고객의 요구가 과거와는 비교가 되지 않을 정도로 다양해짐에 따라 이제는 매스 마케팅이 아닌 타깃 마케팅을 해야 한다는 것은 하나의 마케팅 상식이 되었다. 즉 고객 개개인의 욕구를 충족시키는 맞춤 생산까지 할 수는 없지만 차선책으로서 비슷한 욕구를 가지고 있는 고객들을 하나의 작은 시장으로 간주하고 이 시장이 충분한 규모만 된다면 이들의 욕구에 맞는 상품을 마케팅해야 한다는 것이다. 이 나누어진 시장을 '세분시장'이라 하고 이런 행위를 '세분화'라고 한다.

특히 하이테크 제품 또는 솔루션 시장은 다음과 같은 이유에서 일상적인 제품들보다 더욱 세분화된 시장 관리가 필요하다.

첫째, 최근의 전자제품이 점점 더 기술 선도자들이 선호하는 하이테크형 제품으로 바뀌어 감에 따라 초기 시장의 고객 수는 더욱 한정되어 가고 있으며, 이는 하이테크 기업들에게 시장 세분화의 기회와 위험을 동시에 제공하고 있다.

둘째, 하이테크 제품의 성패는 기술지향적이고 다양한 요구를 가지고 있는 고객의 만족을 통해 빠른 시간에 완전완비 제품을 양산하는 데 달려 있다. 그러나 이것은 고객과의 더욱 밀접한 관계 없이는 도달하기 힘든 목표이다.

셋째, 구매보다 사용에서 보다 많은 부가가치가 발생하는 제품 특성상 장기간에 걸친 고객과의 관계가 중시되며, 이를 위해서는 타깃 마케팅이 아닌 그 이상의 일대일 마케팅적 관리 노력이 필요하다. 그 결과 세분화를 넘어서 CRM 등의 발전된 IT와 데이터베이스 기술을 바탕으로 고객을 인위적으로 그룹화하기보다는 있는 그대로의 고객 욕구를 해결하려는 일대일 마케팅적인 시각이 확산되고 있는 추세다.

이러한 고객과의 관계에서의 질적 변화는 급변하는 고객과 시장의 변화에 대해 그 어느 때보다 깊이 있는 이해를 요구하고 있다. 다음에서 이런 변화를 시장의 분화라는 측면을 중심으로 살펴보도록 하겠다.

2) 중산층의 몰락과 시장의 양극화

최근의 급격한 시장 변화는 소비 시장에 '양면적 가치의 공존'이라는 새로운 화두를 던지고 있다. 계층 간 소득격차의 확대와 신용카드의 지나친 활성화는 소비의 다변화를 촉진시키고 있다. 특히 이런 현상에는 부동산 거품의 확대와 매스미디어의 영향도 크게 작용했다. 즉 실질소득의 증가 없이 부동산 등 보유 자산의 가치가 확대되고, 대중매체를 통해서 접하게 되는 중·상류층 이상의 소비 행동들이 하나의 자극이 되어서 '나도 저만큼은 살고 싶다'라는 모방소비를 촉진시키고 과시소비를 확산시키게 된다. TV 드라마를 통해 극히 일부분의 상류층만이 누릴 수 있는 생활상이 대중에게 보여지고 드라마에 등장했던 수천만 원짜리 외제차가 시장에서 큰 호응을 받기도 한다. 그러나 기반이 튼튼하지 못한 이런 소비 형태는 결국 소비 활동의 중심이 되는 중산층을 붕괴시키고 시장을 더욱 양극화시키는 결과를 초래하고 있다.

경기의 변동에 따라 흔히 경기가 불황 또는 호황이라고들 이야기한다. 하지만 불황기라도 손님들이 끊임없거나 제품이 없어서 팔지 못하는 경우도 허다하다. 왜 이런 현상이 생길까? 결론적으로 말하면 불황이라고 모든 사람들이 어려운 것은 아니며, 오히려 부를 이룩한 소수 고객에게는 이때가 더욱 살맛 나는 시기일 수도 있기 때문이다.

이와 마찬가지로 소비 시장도 양면성을 가지고 있다. 미국에서도 부익부 빈익빈의 가속화에 따라 상류층과 중류층 간의 소득격차가 나날이 커지고 있다. 우리나라도 마찬가지다. 이런 현상은 가전 시장에서도 그대로 드러나고 있는데, 예를 들어 수천만 원짜리 PDP TV와 10만 원대 소형 TV가 동시에 인기를 얻기도 한다. 즉 하이엔드 시장과 로우엔드 시장이 동시에 규모 있게 존재하는 것이다.

최근에는 인터넷의 발달로 제품에 대한 정보를 보다 빠르게 공유할 수 있게 되었다. 따라서 상류층의 생활에 대한 정보나 그들이 선호하는 제품을 구매하려고 하는 고객도 많아지고 있다. 대학생들의 명품계에 대해 들어본 적이 있는가? 이런 하이엔드 시장의 제품이나 소비 패턴은 종종 추종 고객(Wanna-be)들을 통해서 중류층 대다수 고객들에게 확산되기도 한다. 예를 들어 소나타는 10년 전만 해도 고급 차종이었지만 지금은 대중 차종이 되었다.

이러한 시장의 양면성을 이해하면 실제 기업의 마케팅 전략에도 많은 시사점을 얻을 수 있다. 실제로 상위 20% 고객에게 집중한다는 8020 법칙은 매우 매력적인 것으로 보인다. 즉 상위 20%가 대부분을 먹여살린다는 것인데 이런 원칙은 마케팅에도 적용된다. 모든 고객이 소중하다는 것은 진리임에도 불구하고 고객관리는 차별적으로 이루어져야 하는 이유가 여기에 있다. 이미 은행 등 서비스업체에서는 광범위하게 이런 원칙들이 적용되고 있으며 전자산업에서도 차별적 고객관리가 이루어져야 한다.

3) 정보격차: 디지털과 돼지털

인터넷과 기술 발달은 고객 간의 정보격차(digital divide)를 발생시켰으며, 그 결과 각 세대, 각 계층 간 기술제품에 대한 수용도의 차이를 초래했다.

'디지털 유목민(digital nomad)'이라는 단어만큼 함축적으로 기술 변화가 가져온 혹은 앞으로 가져올 고객 변화를 적절히 표현하는 단어는 많지 않다. 향후 시장은 디지털과 네트워킹을 구현하면서 이동성을 보장하는 제품이 주가 될 것이기 때문이다. 고객들도 점차 디지털과 모바일 네트워킹이 구현된 제품을 원하게 될 것이고 이런 제품을 소유함으로써 생활도 역시 변모하게 될 것이다.

이런 시대가 올 때 시장에는 어떤 변화가 생길 것인가?

주부층은 전통적으로 가장 중요한 가전 시장의 고객이었다. 높은 구매력과 가정 내 지위의 향상, 상대적으로 높은 충성도를 가진 집단으로 지금도 가전 시장의 핵심 고객임에 틀림없다. 그러나 기술, 특히 디지털에 대해서는 알레르기 반응을 보이기도 한다. 이래서는 전자제품 시장의 핵심 고객으로서 미래가 있을 수 없다. 이런 가정주부의 정보격차는 디지털 제품의 확산에 장애요인이 되고 있다. 따라서 주부가 얼마나 빨리 디지털에 친숙해지느냐 하는 것이 가전제품업체와 유통이 풀어야 할 큰 숙제가 아닐 수 없다. 이를 해결하기 위한 기업들의 노력이 필요한 시점이다.

주부가 디지털에 거부 반응을 일으키는 세대라면 Youth는 가히 디지털 전도사라고 할 수 있다. 그들은 디지털 제품에 익숙할 뿐만 아니라 변화에 대한 적응력이 뛰어나다. 또한 전자제품 구매 시 가족 내에서 행사하는 구매 영향력도 커졌으며 소비력도 증대하고 있다. 그리고 10년 후 이들이 시장의 주력 고객이 될 것임을 생각할 때 그 중요성이 어느 집단 못지않게 크다고 할 수 있다. Youth 집단은 다른 집단과 확연히 구별되는 특징이 있다. 정신적으로는 자유와 개방성을 중시하고 자기중심적인 반면, 행동적으로는 커뮤니티에 대한 몰입과 오락, 패션을 중시하는 복합적인 특성을 보이고 있다. 그렇기 때문에 이들 시장을 잡기 위해서는 다른 어떤 시장보다 복잡한 접근 방식이 필요하다. 물론 제품도 이들이 원하는 코드에 맞게 설계 · 생산되어야만 한다. Youth의 행동양식의 또 다른 특징은 전염성이 강하다는 점이다. 왜냐하면 젊다는 것이 하나의 덕목으로 간주되는 시대에 살고 있기 때문에 많은 계층이 그들을 따라한다. 즉 과거의 오피니언 리더는 연장자였지만 현재의 오피니언 리더는 연소자인 것이다. 'KTF적인 생각이 세상을 바꾼다' 라는 광고도 있지만 사실은 Youth적인 생각이 이미 세상을 바꾸어

놓았다.

4) 시장분화의 위기와 기회

시장의 빠른 세분화는 기업에게 위기인 동시에 기회가 된다. 고객의 계층이 세분화되고 니즈가 다양화되면 기업은 고객지향적인 제품의 설계와 개발에 더욱 많은 시간과 비용을 들여야 할 것이다. 그리고 다양한 세분시장 중에서 어디에 집중할 것인지를 결정하는 전략적 의사결정에는 그만큼 더 큰 위험성이 내재되어 있을 수밖에 없다.

냉장고의 경우 과거에는 전업 주부 한 계층만으로도 충분히 대상 고객을 정의할 수 있었다. 따라서 냉장고의 용량이나 색상, 기능은 비교적 동질적인 주부 계층만을 만족시키면 충분했고 냉장고에 대한 기술의 축적도 비교적 연속적인 연구 · 개발 노력으로 가능하였다. 그러나 냉장에 대한 고객의 니즈가 점점 더 다양해지면서 김치냉장고, 화장품냉장고, 와인냉장고, 반찬냉장고 등과 같은 특수화된 냉장고가 등장하게 되었다. 이들 제품의 생산 전략은 더욱 복잡해졌고 새로운 형태에 대한 전략적 가치를 판단하는 작업도 더욱 어려워졌다.

하지만 다기능 냉장고의 예에서 보듯 고객의 분화가 가속화됨에 따라 여러 긍정적인 현상이 나타났는데, 예를 들어 과거 냉장고는 1가구 1대면 족하던 시절이 있지만 이제는 니즈별로 다양한 형태의 제품을 필요로 하게 되었다. 즉 가전이 점차 개인의 필요에 따라 구매되는 개전으로 분화되고 있으며 이는 필연적으로 연결판매나 시장 확대의 가능성을 제공하게 된 것이다. 또한 관련 제품 시장 전체의 크기를 키워 줌은 물론 다양한 니치 마켓의 가능성을 열어 줌으로써 다양한 벤처기업들이 대기업과의 경쟁을 피해 성장할 수 있는 기반 시장을 마련해 주는 한편 건강한 경쟁관계를 형성할 수 있게 해 주었다.

시장이 분화된다는 것은 고객의 욕구가 점차 다양해진다는 것을 뜻한다. 보다 많은 고객들이 자기에게 딱 맞는 제품을 찾고 있으며, 이를 적절히 충족시킨다면 과거의 세분시장에서보다 더욱 높은 구매 욕구를 불러일으킬 수 있을 것이다. 이런 능력을 갖추기 위해 기업은 점차 일반품에서 전문품 판매로, 유통의 역할은 판매에서 체험으로, 커뮤니케이션 활동은 일방향에서 양방향으로, 가격은 제품 가격에서 솔루션 가격으로 변화해야 할 것이다.

3 고객들은 어디로 가는가

1) 이 시대 고객들의 문제는 무엇인가

어떤 기업이 다양해지는 고객의 욕구를 적절하게 충족시켜 주는 제품과 서비스를 가졌다면 그 기업은 다른 기업보다 경쟁우위를 가지고 있다고 할 수 있다. 그러나 이러한 경쟁우위를 달성한 기업은 사실 극소수에 불과하다. 많은 기업들이 동일한 목표를 표방하지만 대다수가 결국 성공하지 못하는 이유는 무엇일까? 가장 먼저 생각해 볼 점은 욕구 충족 단계의 처음이라고 할 수 있는 문제의 정의와 관련한 부분이다. 사회학적인 관점이 아닌 마케팅적인 관점에서 고객의 문제를 정의하기 위해서는 먼저 기업이 어떤 고객에게 관심을 가지고 있는지 또는 목표 고객이 누구인지를 명확히 설정하는 것이 필요하다. 이를 통해 최소의 노력으로 깊이 있는 고객의 문제에 대한 성찰이 가능하고 그들로부터 체계적인 고객의 소리를 수집할 수 있기 때문이다.

고객의 문제를 해결하기 위한 가장 중요한 과정은 고객으로부터 그들의 문제를 듣는 것이다. 그러나 고객의 목소리를 듣는다는 것은 그렇게 쉬운 것은 아니다. 왜냐하면 기업이 필요한 목소리를 듣고 제품화하는 데에는 다음과 같은 몇 가지 장애 요인들이 존재하기 때문이다.

첫째, 흔히 발생하는 경우로 고객의 소리와 제품 개발자, 마케팅 기획자 등 기업과의 불일치이다. 대부분의 제품 담당자는 자신이 고객과 시장에 대해 잘 알고 있다고 생각한다. 그러나 그들의 지식이 실제 고객의 요구와 일치하지 않는 경우가 흔히 발생한다. 특히 기술지향적인 일부 기업들은 하이테크 제품에 고객의 소리는 불필요하며 우수한 제품이 나오면 고객들의 구매로 이어질 수 있다고 생각하고 있다. 실제로 대부분의 고객들이 제품이나 기술에 대해서 알지 못하기 때문에 일견 타당하게 들리기도 한다. 그러나 제품 확산에 결정적인 역할을 하는 시장 선도자나 기술 애호가 집단과의 면접이나 시장조사, 사용 행위 관찰 등을 통해서 기업은 보다 시장 지향적인 제품을 만들 수 있다. 이를 위해 많은 기업들이 DFSS(design for six sigma) 등을 도입함으로써 고객의 의견을 제품에 반영하고자 노력하고 있다.

둘째, 보다 빈번하게 나타나는 문제점으로 전자제품 등 하이테크 제품의 경우 실제로 고객 자신들이 무엇을 원하는지 말로는 잘 표현하지 못하는 경우가 많다는 점을 들 수 있다. 즉 제품에 대한 막연한 불만이나 좀 더 좋은 제품이 나오지 않을까 하는 생각은 가지고 있지만 이를 시장조사자들에게 쉽게 표현하지는 않는다. 따라서 고객의 잠재된 욕구를 찾아내는 것은 기업이 단순히 고객의 문제를 해결하는 것을 넘어서서 그들에게 새로운 가치를 제공하는 첫걸음이 될 것이다. 다시 말해 제품의 타깃이 될 대상 고객으로부터 그들이 원하는 표면적인 욕구와 표현하지 못하는 잠재적인 욕구를 동시에 해결해 준다면 고객은 자신들의 문제 해결에 유용한 솔루션으로서 제품을 인식하게 될 것이고 결과적으로 그 제품은 시장에서 환영받게 될 것이다.

전자제품과 관련해서 고객들이 느끼는 표현된 혹은 잠재된 욕구는 제품에 대한 신뢰, 납기의 정확성, 포장, 설치 및 사용의 편리성, 요금, 판매 후 관리 등의 매우 다양한 형태가 있는데, 이를 크게는 네 가지 가치 측면으로 나누어 볼 수 있다. 첫째로 품질을 들 수 있는데, 카노(Kano Noriaki)가 제시한 모델에 따르면 고객 입장에서 품질은 크게 '당연품질', '성과품질', '환상품질'로 구분될 수 있다. 당연품질은 너무나 당연해서 고객들이 기업에 요구하거나 표현하지 않기 때문에 제공되더라도 만족도 변화와 관계가 크지 않지만 달성되지 못했을 경우 불만이 고조되는 가장 기본적인 품질이다. 예를 들어, 에어컨에 있어 시원함이라는 속성은 당연품질에 해당되는 내용으로 그것이 제공되는 것을 고객은 당연하게 느끼지만 그렇지 못할 때 불만이 높아진다. 그리고 성과품질은 제공되었을 경우 만족도가 올라가고 미제공 시에는 만

〈그림 V-1〉 품질에 대한 정의: Kano Model

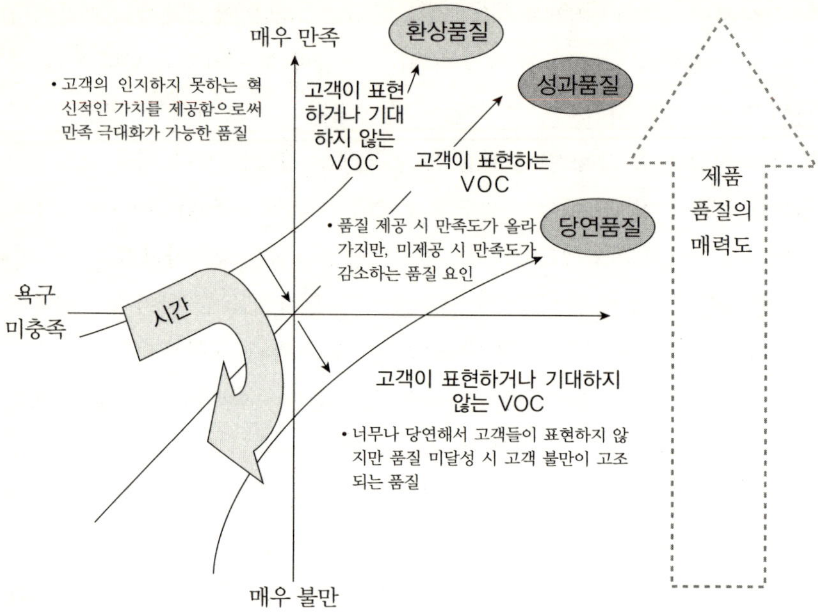

족도가 내려가는 품질 요인이다. 세탁기의 경우 절전 기능이 뛰어나다면 만족도가 올라가지만 그렇지 않을 경우에는 만족도가 내려갈 것이다. 반면에 환상품질은 고객이 인지하지 못하는 잠재적 욕구를 충족시켜 줄 수 있는 혁신적인 가치를 제공함으로써 고객만족의 극대화가 가능한 품질 요인이다. 에어컨에 있어서 고객이 표현하는 욕구는 냉방력, 공기정화 정도일 것이나 공조기라는 특성을 고려하면 에어컨이 제공할 수 있을 것이라고 고객이 미처 생각하지 못한 다양한 가치들을 환상품질로서 제공할 수 있다.

중요한 것은 고객들이 느끼는 품질요구는 시간이 지남에 따라 높아지고, 환상품질은 성과품질로, 성과품질은 당연품질로 인식하게 된다는 점이다. 따라서 기업들은 지속적인 가치혁신을 추진해야 한다.

둘째, 가격의 문제이다. 과거 기업이 가지고 있던 가격의 문제는 대체로 일차원적인 것들이었다. 즉 제품의 판매가를 얼마로 할 것인가가 고민의 축이었다. 따라서 기업은 타깃 고객 및 시장 상황을 고려한 저가 정책, 프리미엄 정책, 혹은 그 중간의 가격 정책을 추구하였다. 그러나 고객들은 단순히 싸거나 비싼 제품만을 원하는 것이 아니라 기업이 달성하기 힘든 '싸면서 좋은 제품' 이라는 목표를 원하고 있다. 특히 일부 프리미엄 가격대를 원하는 고객은 가격 그 자체보다는 제품의 브랜드나 연상 이미지가 제공하는 무형의 가치를 기대하고 있다. 하지만 기업이 이러한 이중적인 고객의 가치를 동시에 전달하기는 어렵다. 따라서 각 기업은 전략적 선택에 의해 가격을 결정하고, 자신이 선택한 포지셔닝을 확립하기 위해 광고, 브랜드 자산 관리, 생산성 관리 등의 활동을 시행하고 있다.

가격과 관련한 또 다른 이슈는 시간의 흐름 관점에서 본 총소유비용(total cost of ownership; TCO)의 관점이다. 대형 수요를 발생시키는 기업은 물론 개인도 점차 단순 구매가격보다는 총소유비용의 관점에서 가격을 바라보는 시각이 늘고 있다. 실제로 인터넷 서비스를 제공하는 서버 제품군을 판매하는 IBM이나 HP 같은 대형 IT 기업은 서버 판매보다는 유지보수, SI 등 고객이 사용하면서 발생되는 시장에서 더 큰 수익을 올리고 있다. 일반 소비재의 경우에도 프린터, 정수기 냉장고 등 총소유비용과 관련한 의사결정이 보다 타당한 제품들이 늘고 있다. 즉 최종소비자에게 총소유비용을 절감할 수 있는 제품이 보다 환영받는 시대가 오고 있는 것이다.

셋째, 요구에의 반응 속도이다. 이를 이해하기 위해서는 고객의 요구가 마케팅의 어느 단계에서 일어나는지에 대해서 생각해 볼 필요가 있다. 많은 기업들이 일단 제품을 만든 후에야 고객의 요구를 고민한다. 그러나 일을 저지르고 고민하기보다는 그 이전에 실수를 방지하는 것이 중요하다. 즉 기업은 제품의 기획단계에서 제품개발, 판매, 사후 관리의 전 과정에 걸친 요구 관리를 해야 하며 이런 요구에 효과적으로 대처하는 기업을 시장지향적 기업(market driven company)이라고 할 수 있다. 최근에는 인터넷의 등장으로 고객의 요구가 양적으로나 질적으로 풍부해지고 있다. 이런 다양한 요구에 대한 적절한 대응이야말로 기업이 효과적으로 환경과 시장을 관리할 수 있는 경쟁력의 원천일 것이다.

더불어 고객의 요구가 발생하기 전에 효과적으로 이를 감지하여 경쟁사보다 한발 앞서서 요구를 충족시키려는 노력도 증대되고 있다. 즉 시장지향적이 아닌 시장개발적인 Market Driving의 중요성이 더욱 커지고 있다.

마지막으로, 총체적인 가치의 제공을 들 수 있다. 총체적이라 함은 앞서 말한 품질, 가격, 반응 속도가 모두 적절히 동시에 제공됨으로써 고객이 느끼는 가치의 정도가 달라짐을 의미하는 동시에 고객과 기업이 상호작용하는 과정에서 파생되는 기업의 제 활동이 가치지향적으로 재구성되어야 함을 의미한다.

2) 완전제품 제공을 통한 문제 해결 노력

고객의 문제는 고객의 문제로만 끝나지 않고 기업에게 기회와 위기 요인이 될 수 있다. 고객의 문제를 해결하는 솔루션을 제공한다면 그것이 바로 기업의 기회가 되기도 하지만 문제 해결에 실패하거나 경쟁사가 보다 효과적으로 이를 해결한다면 오히려 이것이 위기 요인으로 이어질 수 있기 때문이다. 그렇다면 이런 고객의 문제를 해결하기 위해서 기업은 어떤 노력을 기울여야 하는가?

사우스다코다대학(USD)은 IT를 접목하여 학사관리의 생산성을 높이고 교육의 질을 높일 수 있는 방법에 대해 높은 관심을 가지고 있었다. 이를 위해 2001년도에 입학하는 모든 신입생들에게 의무적으로 PDA를 구입하게 하고 신입생이 수강하는 과목의 교수는 수업시간에 PDA를 활용하여 강의를 하도록 하는 한편 2005년경에는 모든 학생들이 PDA를 소지하는 환경을 구축하고자 했다. 이런 비전을 실현하기 위해 사우스다코다대학은 몇 가지 문제점을 해결해야만 했다. 우선, 학생들 간에 존재하는 정보격차를 해소해야 했다. 도시에서 온 학생들은 PC나 인터넷 등에 비교적 익숙했지만 지방에서 온 많은 학생들은 그렇지 못했으며 상대적으로 경제적인 여유도 없었다. 또한 학교 내에 학생들이 자유롭게 데이터를 교환하고 인트라넷을 통해 학사 일정 등을 확인할 수 있도록 학교 곳곳에 싱크 포인트를 구축하고, 대학에 특화된 포털 및 콘텐츠를 구축하는 작업이 뒤따라야만 했다. 사우스다

〈그림 V-2〉 Palm@USD

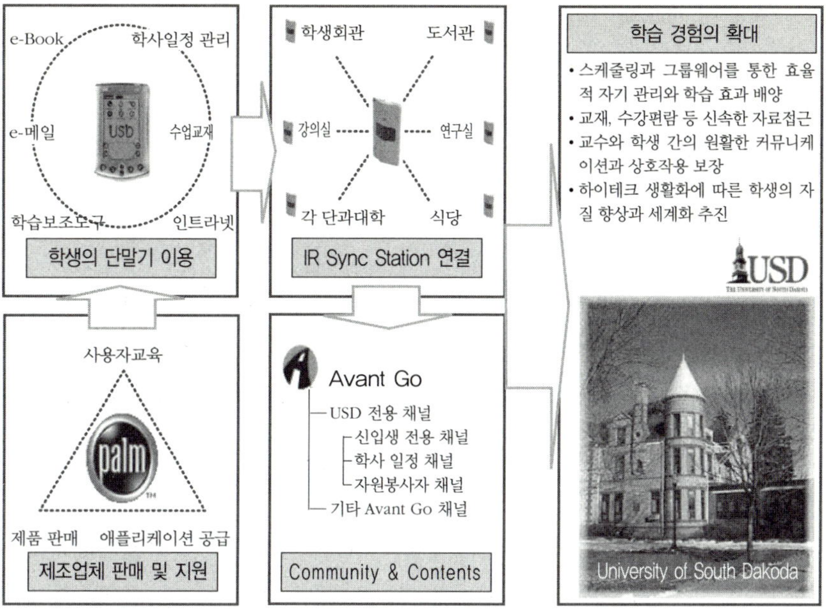

코다대학이 이런 비전을 가지고 있었음에도 불구하고 이를 실천하기 위해서는 외부의 전문적인 도움이 절실히 필요했다. 이런 시장 기회를 놓칠 리 없는 여러 이동통신 단말기업체와 네트워크업체는 프로젝트를 따내기 위해서 노력했으며 그중 하나가 Palm사였다. Palm사가 제안한 Palm@USD라는 프로젝트는 학교 당국에게 매우 매력적인 솔루션이었다. 즉 학교의 담당자가 필요한 서비스를 구현하기 위해 단말기 제조업체, 콘텐츠업체, 네트워크업체를 따로따로 접촉할 필요 없이 Palm사가 제안한 복합 솔루션을 선택함으로써 필요한 목적을 이룰 수 있었기 때문이다. Palm사는 학교 당국의 복잡한 니즈와 최종 소비자인 학생들이 처한 문제를 제대로 이해하고 있었다. 우선 학생들이 단말기를 구입하는 데 장애로 작용하고 있던 가격과 미숙한 사용 경험을 해소하기 위해 1대당 125달러라는 비교적 저가에 단말기를 공급하고, 신입생을 대상으로 한 사용자 교육과 디지털 라이브러리 등 애플리케이션의 개발을 지원하였다. 그리고 모바일 포털 서비스의 선구자인

Avant Go와의 제휴를 통해 대학에 특화된 채널 사이트를 개설하고 학생과 교직원들이 자유롭게 콘텐츠와 정보, 학사일정, 이메일 등을 공유할 수 있도록 하였다. 또한 강의실, 식당 등 대학 구내의 주요 장소에는 적외선 싱크 스테이션을 설치하였다. 그 결과 Palm사는 구매 고객을 대량 확보할 수 있었고, 매년 들어오는 신입생들을 대상으로 시장을 확대할 수 있는 계기를 마련할 수 있었다.

Palm@USD 사례에서 보듯이 기업이 고객의 문제를 단순히 자기 사업 범위 내로만 국한할 경우 이를 해결할 가능성은 극히 낮다. Palm사는 콘텐츠나 네트워크에 있어서는 비교적 역량이 적었지만, 우호적인 제휴선을 활용하여 자사의 약점을 극복하고 고객이 요구하는 솔루션을 원스톱으로 제공한 것과 마찬가지로 기업이 고객의 문제를 해결하기 위해서는 이런 완전제품 혹은 완전 서비스의 제공이 필요하다.

하버드대학교 경영대학원의 명예 교수인 테오도어 레빗(Theodore Levitt) 교수가 처음으로 '완전제품(whole product)' 이라는 개념을 사용한 이래 완전제품은 하이테크 제품의 차별화 전략으로 떠오르고 있다. 고객들이 단순하게 생성된 일반 제품을 구매하는 것이 아니라 유형의 제품에 무형의 서비스가 혼합되어 제공되는 것을 원하는 경우가 늘어나고 있다. 즉 단순한 제품 판매의 시대가 끝이 나고 이제는 고객의 문제를 해결할 수 있는 여러 개의 제품이나 서비스로 이루어진 복합적 가치를 제공하는 시대가 도래하고 있다는 것이다. 따라서 기업들은 고객들에게 무엇을 생산하는가를 알리는 것을 넘어서서 고객이 원하는 것이 무엇인지를 파악하고 이를 제공하는 마케팅 활동으로 전환해야 한다. 사우스다코다대학의 사례에서처럼 시스템이 복잡하고 고객의 요구가 다양할수록 운영 프로세스, 애플리케이션, 관리, 교육, 유지, 보수 등 소프트웨어적인 서비스가 필요하다. 더욱 따라서 완전제품이란 이와 같이 단순제품을 넘어 고객이 요구하는 서비스를 구현할 수 있는 제품이라고 할 수 있으며, 완전제품의 제공 능력은 하이테크 기업의 경쟁력과도 일치될 수 있다.

3) 고객성공으로 가는 길

완전제품의 제공은 고객의 만족도를 본원적인 수준에서 높여 준다는 측면에서 고객만족 이상의 높은 기여를 하고 있다.

고객만족(CS)운동은 고객에 대한 기업의 철학으로서 많은 기업에서 자리를 잡아 가고 있다. 소비자 보호운동의 출발과 궤를 같이하는 고객만족운동은 많은 성공 사례와 MOT(moment of truth) 관리, CSI(customer satisfaction index)와 같은 새로운 관련 기법들을 탄생시키고 기업들에게 고객의 소중함을 다시 한번 일깨워 주는 중요한 역할을 수행해 왔다. 그러나 고객만족은 몇 가지 한계점을 가지고 있다. 우선 관계 유형이 일회적 거래 중심이라는 점을 들 수 있다. 즉 구매 시점 혹은 고객과 접촉한 시점에서 고객의 만족도를 높이는 것이 중요한 과제이며, 이는 가전제품과 같이 고객의 구매 주기가 긴 제품의 경우에는 성과가 한정적일 수밖에 없다. 또한 기업의 목표도 본연의 목표인 고객으로부터의 수익을 극대화하는 것의 연장선상에서 유지되기 때문에 고객의 참여가 없는 일방적인 캠페인성으로 진행되기 쉽다. 다시 말해 고객의 특정 부분만 기업의 편리에 따라 이해하고 이를 통해 이익을 극대화하려는 생각을 가지고 있기 때문에 결국 고객도 상품과 마찬가지로 관리해야 되는 객체에 머물게 되는 것이다. 그 결과 분명히 구매 시점에서는 만족한 고객이 재구매를 하지 않는 경우가 생겼다. 이런 문제점을 해결하기 위해 새롭게 고객을 보는 패러다임으로 고객성공의 개념이 중요하게 논의되고 있다. 고객성공이란 고객의 평생가치를 중심으로 고객을 이해하는 것을 뜻한다. 즉 일회성이 아니라 지속적인 거래의 연결관계로 고객을 이해하고 그 결과 고객을 기업의 마케팅 객체가 아닌, 같이 고민하고 성장하는 파트너로서 이해하고자 하는 것이다. 따라서 기업은 관계 마케팅 지향적인 사고를 통해 고객과 기업이라는 공동체 간의 상호 이익을 극대화하기 위한 협력적인 관계를 정립하려는 노력을 지속적으로 강화해야 할 것이다.

4 연결 지향적 수요와 복합경쟁 시대로

1) 네트워크 경쟁의 시대

우리가 흔히 알고 있는 네트워크는 컴퓨터 네트워크로서 컴퓨터 간의 상호작용을 그물처럼 이어 주는 것이라고 할 수 있다. 하지만 네트워크는 이제 단순히 데이터 통신 분야에 국한된 용어가 아니라 마케팅, 사회심리학, 행정학 등 제 학문 분야에서 독특한 의미로 재해석되어 사용되고 있다. 기업 간 경쟁에도 네트워크의 개념이 사용되고 있는데 이를 '네트워크 경쟁'이라고 한다. 네트워크 경쟁에 대해서 다음 사례를 살펴보기로 하자.

삼성 센스 노트북의 국내 경쟁자는 누구일까? 이런 물음에 답한다면 아마도 소니의 바이오 노트북이나 LG의 싱크패드(Thinkpad)를 상상할 것이다. 전통적인 경쟁의 의미에서 생각한다면 당연히 동종 제품 간의 경쟁이 가장 주요한 경쟁 양상이었다. 그러나 오늘날에는 이러한 경쟁의 양상이 동종 간 경쟁에서 이종 간 경쟁, 즉 네트워크의 경쟁으로 바뀌고 있다.

소니 캠코더를 중심으로 네트워크 경쟁의 의미를 다시 한번 생각해 보면, 처음 소니 캠코더를 산 고객은 순전히 캠코더를 이용해 동영상을 촬영하는 등 추억을 남기는 것이 목적이었을 것이다. 그러나 점차 많은 6mm 테이프가 누적되면서 이 자료들을 관리하기 위해서는 동영상 파일로 간직하는 것이 효과적이라는 것을 알게 된다. 그러다 점차 시간이 흘러 이 고객이 노트북을 필요로 하는 시기가 오면 구매를 위해 다양한 정보를 검색하게 되는데, 이 과정에서 소니 캠코더의 테이프를 PC에 동영상 파일로 저장하기 위해서는 IEEE1394 포트와 소니 캠코더를 위한 전문 동영상 편집 프로그램을 기본 번들로 제공하는 소니 바이오 노트북이 최적이라는 사실을 알게 된다. 그리고 이 고객은 아마도 다른 경쟁사의 노트북보다는 소니의 노트북을 구매하려고 할 것이다. 즉 소니의 캠코더가 삼성 센스 노트북의 경쟁자로 부상하게 되는 것이다. 소니는 일찍이 이런 연결 네트워크의 가치에 대해서 인식한 듯하다.

최근 등장하는 소니의 가전제품들은 메모리 스틱 등 제품 간 데이터 공유와 호환이 가능한 연결성을 고려하여 설계되고 있으며, 홈네트워크의 허브 역할을 수행할 것이라고 소니가 기대하는 플레이스테이션은 애초에 이런 연결성을 고려하여 만들어졌다.

이러한 사례에서 보듯 제품 간 연결성의 증대는 경쟁을 한 제품의 고정된 축이 아니라 네트워크의 연장선상에서 보는 시각을 요구하게 되었다. 즉 이제는 연결이 단순한 기능상의 문제가 아니라 하나의 마케팅 자산(asset)으로서 역할을 하고 있는 것이다.

2) 이업종 협력 모델의 확산

이종 제품 간에 벌어지는 네트워크 경쟁은 앞으로 더욱 일반적인 양상이 될 것이다. 그렇다면 네트워크 경쟁에서 승리하기 위해 기업이 할 수 있는 일들은 무엇일까? 그 해답의 가능성을 이업종 협력 모델에서 찾아볼 수 있다. 소니는 자사의 다양한 제품 간에 연결고리를 제공함으로써 고객들의 계속적인 구매동기를 자극하고 있다. 그리고 이러한 제품 간 연결을 비단 자사의 제품에만 국한하지 않고 타사의 다양한 제품이나 솔루션에까지 확장시킨다면 고객에게 더 큰 혜택을 줄 수 있다. 굳이 네트워크 외부성 효과를 거론하지 않더라도 보다 많은 제품들이 제조사에 관계없이 연결될수록 고객은 더 큰 가치를 느끼게 될 것이다. 실제로 이러한 이업종 간 협력 모델은 다양한 사업에서 등장하고 있는데, 국내 휴대폰 시장의 강자인 SK텔레콤의 경우 휴대폰을 기반으로 한 모바일 콘텐츠, 모네타를 중심으로 한 모바일 결제, 그리고 모바일 게임 등 다양한 분야에서 협력 모델을 개발하였다. 이업종 협력 모델의 확산은 고객에게는 제품의 가치를 극대화할 수 있는 기회를, 동시에 기업에게는 제품의 연결 판매와 수익 극대화의 기회를 제공하고 있다. 그런데 문제는 이러한 혜택이 협력 네트워크 모델에 참여하는 모든 기업들에게 균등하게 돌아가는 것은 아니라는 점이다. 각 협력 모델 혹은 네트워크 모델 안에는 중심이 되는 허브 사업자가 존재하는데, 중심에서 사업을 기획하고 제품을 연결하는 주체가 되는 소수의 허브 사업자가 다른 참여자보다 더 큰 수익을 발생시키고 있다. 그렇기 때문에 단순히 협력 모델에 참여하는 것만으로는 충분하지 않으며 핵심적인 플랫폼을 가지고 있는 것이 누구냐가 가장 중요한 이슈가 된다. 더욱이 핵심 플랫폼은 표준화의 문제와도 연결되는데 자사의 제품이나 서비스를 플랫폼으로 육성할 경우 이 플랫폼이 결국 시장의 표준이 될 가능성이 높으며 기업 부가가치 창출의 원천이 될 것이기 때문이다.

3) 소유의 종말과 사용의 시대

최근 현명한 소비의 한 방법으로 렌탈이나 리스를 통한 제품 사용이 확산되고 있다. 그러나 전자제품, 그중에서도 특히 내구재 개념이 강한 가전제품에서 이러한 사용 시장이 활성화될 수 있다고 생각한 사람은 그리 많지 않았다. 하지만 일부 선구적인 기업들은 굳게 닫힌 고객의 마음을 여는 'foot-in-the-door 전략'의 일환으로 정수기나 비데 등 소비자에게 생소한 제품을 대상으로 꾸준히 렌탈 시장을 개발해 왔으며 그 결과 괄목할 만한 성장을 이루어냈다. 다른 예로, 인터넷 사용에 있어서 과거에는 PC의 모뎀이나 랜카드는 '사서' 쓰는 것이 일반적이었다. 하지만 ADSL 등 모뎀을 월정액제로 사용하는 초고속인터넷이 등장했고 2007년 12월 말 기준으로 가입자 수는 총 1,471만 명을 기록했다. 물론 이러한 소수의 사례를 가지고 사용 시장이 대세라고 단정 짓기는 어렵다. 그러나 새로운 형태의 시장이 생겨났고, 이로 인해 기업들이 여러 새로운 기회를 얻게 되었다는 것은 분명한 사실이라 할 수 있겠다. 그렇다면 수많은 제품 중에서 어떤 특성을 지닌 제품들이 사용 시장의 가능성이 큰가를 생각해 보자.

우선 사용 빈도가 낮거나 아직 고객에게 익숙하지 않은 제품들을 생각해 볼 수 있다. 제품의 보급 초기에는 아직 다양한 용도가 개발되거나 소개되지 못한 경우가 많고 주변의 사용 사례를 찾기도 힘들다. 이런 경우 고객은 성급한 결정을 통해 구매 실패를 하기보다는 구매 전 시용을 원하기도 하는데 비데나 헬스기구 등이 이 경우에 속한다. 다음으로 생각해 볼 수 있는 것은 꼭 필요하지만 가격적인 문제로 리스를 하는 경우이다. 고가의 노트북이나 에어컨, 업소의 대형 TV 등은 수요자에게 필수품의 성격을 띠고 있지만 높은 가격 장벽 때문에 일시적으로는 리스나 렌탈을 선호하기도 한다. 또한 급격한 기술 발달로 제품 진부화 가능성이 큰 경우에도 총소유비용의 최소화를 위해 렌탈을 선호하기도 한다. 실제로 많은 기업들은 기술 진보가 빠른 PC 제품의 경우 계속적으로 기존 제품을 처분하고 신제품을 구매해야 하는 악순환을 피하기 위해 PC의 렌탈에 관심을 보이고 있다.

이런 렌탈 시장의 특성을 고려할 때 향후 가전 시장에서 렌탈이나 리스에 적합한 상품들은 비교적 고가인 노트북, 사용기간이 한정되어 있는 에어컨이나 프로젝션, 기타 안정성이 인증되지 않은 혁신적 신제품 등이 될 것이라고 생각할 수 있다.

4) 고객공유의 시대

급변하는 오늘날의 경쟁 상황에서 무수히 쏟아져 나오는 신기술과 제품에 대응하기 위해서 기업은 내부적으로는 유통망과 커뮤니티 등을 통해 고객을 공유하여 단단한 토대를 다지는 동시에 외부적으로는 동종 혹은 이업종과의 교류를 통해 고객을 공유하여 이를 활용함으로써 기술과 제품을 지속적으로 발전시켜 나가야 한다. 그러나 이러한 '고객공유' 의 개념이 도입된 것은 얼마 되지 않았다. 국내 전자업계의 경우에도 오랜 기간의 국내 시장 영업 경험이 있었음에도 불구하고 고객을 공유한다는 것은 고려되지 못했었다. 그 결과 고객의 구매 정보를 관리해야 한다는 인식도 불명확했고, 자사의 제품을 구입하는 고객에 대해서도 무지한 경우가 많았다. 이는 삼성전자의 경우도 마찬가지였다. 내부적으로 애프터서비스망, 유통망 등 다양한 고객 접점을 통해 계속적으로 고객의 정보를 접하고 있었지만 이를 체계적으로 관리하기 시작한 것은 CRM이 도입된 이후였다. 내부의 데이터를 습득한다는 것도 결코 쉬운 일이 아니었다. 실제로 많은 제품들이 자사의 전속 유통망보다는 용산의 전자상가나 인터넷 등을 통해 팔리고 있었으나 이와 관련한 데이터를 모으는 것이 쉽지 않았고 고객의 정보 없이 고객을 공유한다는 것도 어려운 일이었다. 반면에 이동통신의 부상과 함께 일찌감치 TTL, Na 등 커뮤니티 서비스를 시행했던 이동통신사의 경우 상당한 수준의 고객 데이터베이스를 확보할 수 있었고 이를 바탕으로 이업종과의 제휴를 통해 훨씬 풍부한 수준의 정보를 공유할 수 있었다. 삼성전자도 이후 삼성카드 포인트 적립뿐만 아니라 신한은행, 우리은행 등과의 포인트 상환 프로그램 등을 통하여 고객 정보 수집 노력을 강화하고 있다.

5 기술 변화에 따른 마케팅의 변화

1) 디지털 충격: 기업과 고객의 변화

지난 수십 년 동안 아날로그 신호는 모두 디지털 신호로 바뀌고 있다. 이는 전통적인 아날로그 방식에 비해 디지털 방식이 가지고 있는 고품질, 압축효율성, 멀티미디어 서비스 용이성, 통신과 컴퓨터의 결합 가능성 등의 장점들 때문이다. 그러나 단순히 0과 1로 이루어진 디지털 신호 자체가 변혁의 주체는 아니다.

캘리포니아 주 클레어몬트대학원의 사회과학부 교수인 피터 드러커(Peter Drucker)는 컴퓨터를 증기기관에, 그리고 현재의 정보화혁명을 1820년 당시의 산업혁명에 비유한다. 또한 드러커는 산업혁명의 변화 중에서도 가장 광범위한 변화는 증기기관 그 자체의 산물이라기보다 증기기관이 탄생시킨 유래 없는 발명의 결과였음을 지적했는데 그것은 바로 철도였다. 마찬가지로 그는 세계를 변화시킬 것은 컴퓨터나 인터넷이 아니라 그것으로부터 최근 등장하고 있는 부산물일 것이라고 생각한다. 전자상거래와 정보화혁명의 관계는 철도와 산업혁명의 관계와 같다. 완전히 새롭고, 그 전례가 없었으며, 아무도 예상하지 못한 발전이다. 그리고 170년 전의 철도가 그랬듯이 전자상거래는 새롭고 뚜렷한 붐을 형성하면서 경제와 사회, 그리고 정치의 지형에 급격한 변화를 가져올 것이라는 것이다.

디지털이 가져오는 변화도 그것으로부터 파생되는 부산물들로 인해 초래되었고 그 변화의 영향은 기업과 소비자 모두에게 충격을 주었다. 그렇다면 생산자인 기업에 있어서 디지털은 어떤 의미를 가지고 있는가? 첫 번째로 기업이 생산하는 제품 측면에서 생각해 볼 수 있다. 디지털화로 인해 더욱 작은 제품에 더욱 높은 집적도를 구현하는 것이 가능해졌고 그에 따라 보다 똑똑하고 소형화된 기기-인간 혹은 기기 상호 간에 커뮤니케이션이 가능한 스마트 머신들이 등장하게 되었다. 일례로 소니가 생산했던 '아이보' 라는 애완용 로봇견은 비록 장난감 강아지만 한 크기였지만 스스로 판단과 학습을 하고, 생존을 위해 스스로 충전도 가능한 인공지능을 갖추고 있으며 PC나 조정기를 통해 주인과의 커뮤니케이션도 가능하게 만들어졌다. 하지만 디지털은 단순히 기업이 생산하는 제품에 변화를 일으키는 것뿐만 아니라 기업의 프로세스 측면에도 영향을 미치고 있다. 즉 발전된 디지털 기술을 활용해 제품을 만드는 것은 물론 기업 운영과 마케팅 프로세스의 개선으로 그 활용 범위가 급격히 확대되고 있다. 고객과의 일대일 관계를 가능하게 해 준 데이터베이스와 CRM의 등장, 인터넷과 콘텐츠를 기반으로 한 지식경영(knowledge management), 전사적 자원관리(enterprise resource planning; ERP), 고객의 소리에 대한 체계적 이해와 분석, 판매 자동화 등은 디지털이 기업 운영에 영향을 미친 대표적인 예들이며, 그 영향력은 더욱 커져 갈 전망이다. 특히 이런 기술들은 기업이 고객을 이해하는 데에도 큰 도움을 주고 있다.

그뿐만 아니라 디지털은 소비자에게도 전과 다른 새로운 경험을 제공해 주고 있다. 우선 디지털화된 제품은 아날로그 제품보다 뛰어난 가치를 제공하는데 국내 휴대폰을 예로 들어 과거 AMPS 방식의 아날로그에서 디지털 방식인 CDMA 혹은 IMT-2000으로 가면서 어떤 가치들이 제공되었는지 살펴보도록 하자. 우선 서비스 품질의 향상을 들 수 있다. 음파의 파형을 그대로 전달하는 아날로그에 비해 0과 1인지에 따라 신호를 계단 모양으로 전송하는 디지털 신호는 장거리 통화일지라도 신호가 원래에 가깝게 복원되는

데 이는 곧 통화음질의 향상으로 이어진다. 또한 압축이 가능해짐에 따라 동일 지역에서 10배 이상 많은 사람들의 통화가 가능해지고 그 결과 통화 불통 등이 발생하지 않는다. 그리고 음성이나 화상정보가 모두 디지털화되면 모든 종류의 정보들이 디지털이라는 한 가지 유형의 정보로 변환된다. 따라서 디지털 정보를 보낼 수 있는 단 하나의 망으로도 음성, 화상, 데이터 등 모든 정보를 보낼 수 있는 멀티미디어 서비스가 구현되는 것이다.

이런 제품들이 널리 보급되는 디지털 시대의 소비자는 인터넷 등 지식의 확산 도구를 활용하여 결국 자신의 정보를 바탕으로 자신이 원하는 상품을 능동적으로 선택하게 될 것이며, 상호작용성이 제품을 선택하는 중요한 기준이 될 것이다. 특히 전자제품과 관련해서 이런 흐름은 가전기술과 정보통신기술의 융합으로 나타날 것이다. 기존 제품들의 장점을 골라 만든 이런 컨버전스 상품들은 자신의 지능을 바탕으로 고객과의 지속적인 상호작용이 가능하여 사용자의 요구나 환경 변화에 손쉽게 적응할 수 있는 정보 가전으로 나타날 것이다. 홈네트워킹은 집을 단순한 주거공간에서 다양한 디지털 기술과 네트워크 프로토콜이 혼재되어 있는 새로운 생활공간으로 변모시킴으로써 디지털 유목민들에게 달콤한 휴식처를 제공할 것이다.

디지털과 고객의 변화에서 우리가 또 한 가지 주목해야 할 것은 디지털에 대한 반감이 여전히 폭넓게 존재하고 있다는 사실이다. 이러한 반감은 막연한 불안에서부터 사용방법의 어려움에 따른 좌절감 등 다양한 형태로 존재하고 있는데 그 증거로 인터넷냉장고, 멀티미디어 CID 전화기 등 컨버전스를 주장한 다양한 제품들이 철저한 외면 속에 고전한 사실들을 상기해 봐야 한다. 물론 이들 제품의 실패는 시장 적기 출시 전략의 실패, 완전제품화 부족 등 다른 요인과 복합적으로 나타난 결과이지만 기본적이고 본원적인 기능을 갖춘 제품에 대한 소비자의 욕구가 여전히 존재한다는 것을 시사한다고 하겠다. 다양한 기능들과 편리한 인터넷 기능이 포함된 냉장고라 하더라도 주부들이 사용법을 배우는 데 오랜 시간이 걸리고 가격적인 부담도 커진다면 컨버전스는 오히려 심리적 부담으로 작용할 가능성이 크다. 냉장고에 대해 고객들이 바라는 것은 오히려 냉장 · 냉동이 얼마나 잘 되는지 등 과거의 전통적인 가치일 수 있다.

2) 네트워크의 힘: 좁은 세상을 더욱 좁게

흔히들 "세상 참 좁다", "죄짓고는 못 산다"라는 말을 하곤 하는데, 이미 사람들은 일상에서 느끼는 다양한 경험들을 통해 세상이 결코 생각보다 크지 않음을 간파하고 있었다.

1960년대에 스탠리 밀그램(Stanley Milgram)은 네브래스카 주와 밀워키 주에 사는 사람들을 무작위로 선정한 다음, 보스턴에 사는 자신의 주식중개인 친구에게 전달해 달라며 편지를 보냈다. 그러나 정작 그 친구의 주소는 알려주지도 않은 채 말이다. 실험에 참가한 사람들은 별수 없이 개인적으로 아는 사람들 중에 그 주식중개인과 사회적으로 더 가까울 것 같은 사람에게 편지를 전달해 달라고 부탁했다. 대부분 편지가 제대로 전달되지 않았을 것이라고 생각했지만 결과는 그 반대였다. 대부분의 편지는 그 주식중개인의 손에 들어갔고 평균 6명 정도의 짧은 단계를 거쳐 전달되었다. 2.6억 명이 넘는 미국의 인구나 지리적인 거리 등을 생각할 때 이는 매우 놀라운 결과이며, 더불어 이러한 사실은 정보기술이 발달되기 이전부터 사회는 이미 네트워크로 굳건한 관계가 맺어 있는 '작은 세계(small world)' 였음을 입증하고 있다.

특히 우리가 아무런 어려움 없이 매일매일 사용하는 전화와 인터넷 등 정보통신의 이기는 가뜩이나 좁은 세계를 더욱더 가깝게 만들고 있다. 또한 기업과 고객 간에 존재하는 시간적 · 거리적 격차도 더욱 좁혀 놓고 있다. 그렇다면 과거에 가전제품을 구매한 고객이 제품에 대해서 불만이 있을 경우 이를 해결하는 과정을 생각해 보자. 문제를 발견한 고객은 이를 해결하기 위해 먼저 구매한 대리점을 직접 방문하거나 전자업체의 본사에 애프터서비스를 신청하는 전화를 걸 것이다. 물론 이를 통해 원하는 문제를 해결할 수는 있겠지만 이 과정은 고객이 문제 해결 부서를 찾기 위해 여러 부서를 접촉하고, 불필요한 많은 사람들에게 문제를 하소연하고, 때때로 물건을 직접 들고 가기도 하는 분노스러운 과정이었을 것이다. 하지만 이제는 전화 한 통, 클릭 한 번으로 문제 해결이 가능한 원스톱 서비스가 상식으로 자리를 잡아 가고 있다. 기업들이 발전된 정보기술을 기업 운영 개선의 수단으로 활용하면서 인터넷 고객센터, ERP 등의 물류 유통망의 혁신, CRM 등 고객과 기업 간 거리와 시간을 단축시키는 정보통신 네트워크가 구축되고 있기 때문이다. 또한 고객 측면에서도 자신의 경험을 보다 빠르게 불특정 다수에게 전파하는 일이 가능해지고 있는데 안티 사이트의 등장과 이메일 활성화 등 사이버 스페이스상의 변화는 개인 소비자의 영향력을 가족에서 사회로 확산시키는 기폭제가 되고 있다. 이제 기업은 이런 작은 세계를 효과적으로 관리하기 위해 고객과의 상호작용의 질적 수준을 향상하는 데 더욱 노력해야 할 것이다.

3) 인터넷 기술과 구매력의 관계

인터넷이 등장했을 때 많은 굴뚝 기업들은 기대와 더불어 우려를 감추지 못했다. 인터넷이 소비자의 행동을 어떤 양식으로 바꿔놓을지에 대한 불안이 있었기 때문이다. 그러나 이제는 인터넷이 보편적 서비스로 자리를 잡은 지금 인터넷은 적어도 다음의 세 가지 측면 이상에서 소비자의 행동 양식을 바꿔 놓았다. 첫째는 인터넷 이용 시간의 증가이다. TV 등 대중매체를 보던 사람들이 인터넷에 보다 많은 시간을 할애하면서 이들이 방문하는 사이트 수도 점점 더 증가하고 있다. 둘째는 인터넷 이용 활동의 다양화이다. 과거에 인터넷 활용 범위가 고작해야 웹 서핑이나 메일 송수신 정도에 국한되었다면 최근에는 채팅, 멀티미디어 다운로드, 온라인 게임, 쇼핑 등 다양한 애플리케이션으로 확대되었다. 셋째는 인터넷이 가정 오락의 중심으로 가고 있다는 점이다. 이런 현상은 게임, 멀티미디어 등에 대한 이용 증대와 더불어 엑스박스, 플레이스테이션2와 같은 복합기기가 점차 광대역(broadband)에 대응되면서 더욱 강화되었다.

인터넷의 확산이 기업의 전통적인 가치사슬의 붕괴, 유통망의 재설계 등의 환경 불확실성을 증대시킨다는 것은 익히 알려진 바와 같다. 그렇다면 인터넷, 특히 초고속인터넷과 같은 광대역 서비스의 확산이 기업과 고객에게는 어떤 기회를 제공할 수 있는가?

이미 현실화되고 있는 기회 요인을 살펴보면, 우선 유통생산성이 인터넷을 통해 점차 향상되고 있음을 알 수 있다. 인터넷을 통한 물류 관리와 적정 재고의 실현, 사이클 타임의 단축은 결국 오프라인보다 상품가격을 하락시킴으로써 실질가치를 고객에게 돌려줄 수 있게 되었다. 또한 고객도 보다 편하게 웹사이트를 통해서 가격 및 상품 비교가 가능해짐에 따라 전자상거래의 혜택을 누리고 있는 상황이다. 그러나 많은 시장 전문가들은 지금 벌어지고 있는 이런 현상은 앞으로 다가올 일들에 비하면 빙산의 일각이라고 생각한다. 인터넷의 효과가 판매나 마케팅 단계에 국한되는 것이 아니라 연구 · 개발과 설계 단계에서부터 파급될 것이며 그에 따라 지금보다 기능이나 디자인이 뛰어난 기기나 소프트웨어가 대량으로 공급되어 관련 소비가 촉진될 것이기 때문이다. 그리고 소비자의 다양한 정보 수집은 결국 소비충동을 자극하여 소비를 촉진시킬 것이라고 예상하기도 한다.

4) 유비쿼터스와 마케팅

과거에는 마케터들에게 있어서 기술이란 인종의 섬(island)과 같은 것이었다. 분명 거기에 그 섬이 있다는 것을 알지만 그 사실을 알기 위해 반드시 그곳에 가 볼 필요는 없는 것처럼 기술은 마케터들에게 항상 논의의 대상이었다. 하지만 시장지향적 기업(market driven company)의 등장과 함께 제품의 기획과 연구 · 개발, 설계 · 생산에 이르는 전반적인 과정에서 마케팅적 사고가 요구되는 것과 마찬가지로, 이제는 마케팅 기획자들도 어느 정도 제품에 대한 기반 지식과 기술에 대한 이해가 필요해졌다. 실례로 이러한 실무적인 요청에 부응하기 위해 미국의 모 대학에서는 제품을 기획하고 설계하는 실습 과정을 MBA의 정규 교과목에 반영하기도 한다.

특히 전자제품 마케터의 경우 자기가 직접 관리하는 제품에 대한 이해는

〈그림 V-3〉 유비쿼터스 네트워크 시대

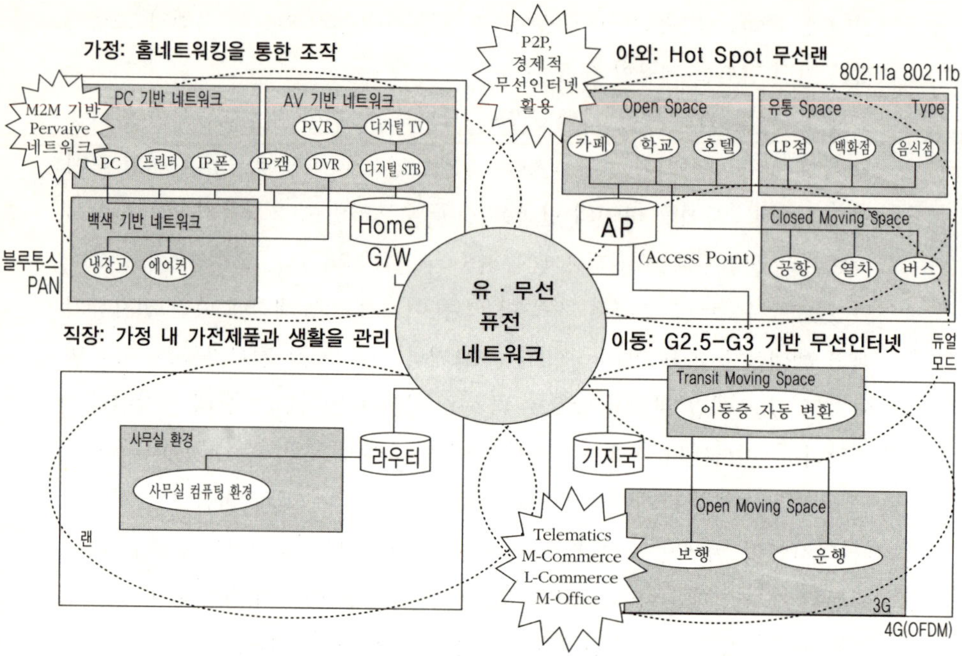

물론, 반드시 이해해야만 하는 상식적인 개념들에 대해서도 관심을 가져야 한다. 예를 들어 디지털 컨버전스나 네트워크 등은 마케팅 환경의 변화와 관련한 대표적인 화두로서 기술적 의미와 더불어 마케팅적 의미로 재해석하는 작업이 절실하다. 특히 '유비쿼터스(ubiquitous)' 라는 단어는 최근 유행처럼 곳곳에서 쓰이고 있는데 정부의 경우 차세대 성장 동력으로 유비쿼터스 통신기술을 제시하며 '유비쿼터스 코리아' 라는 캐치프레이즈를 내걸고 있으며 기업은 유비쿼터스를 기반으로 하는 서비스와 이러한 서비스를 제공하기 위한 기술적 요구사항과 관련된 것들을 준비하고 있고, 방송과 언론에서도 미래 우리의 변화된 삶에 대한 다양한 모습들을 보여 주고 있다.

유비쿼터스란 언제 어디서 어떠한 기기를 사용하더라도 고속 네트워크에 접속하여 정보를 교환할 수 있는 환경을 의미하는데, 오늘날 대부분의 가전제품들이 유비쿼터스 대응형 기기로 바뀌어 가고 있으며 이는 기기의 스마트화와 멀티네트워크화를 의미하고 있다. 과거에는 주로 PC만이 네트워크상에

〈그림 V-4〉 유비쿼터스 시대의 주력 제품들

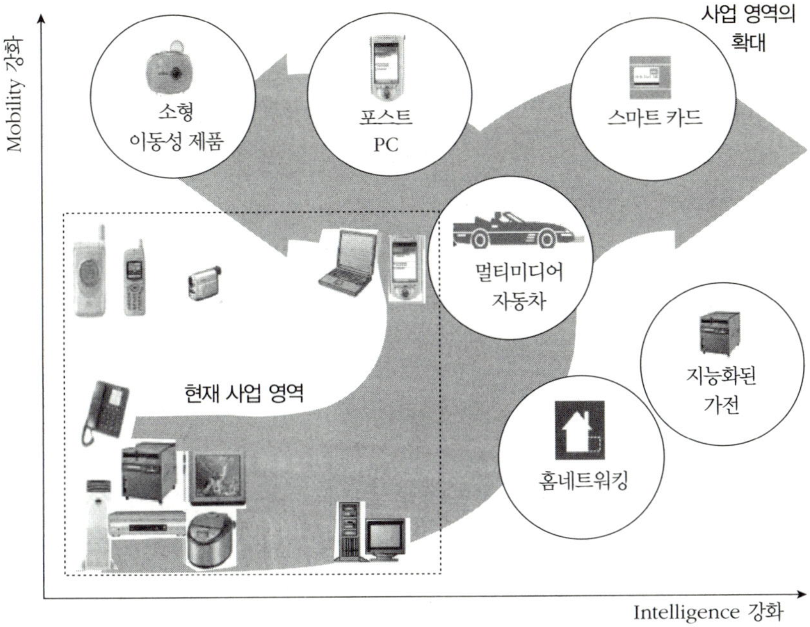

존재했지만 유비쿼터스 시대에는 대부분의 기기들이 네트워크상에 존재한다. 경우에 따라서 그 기기가 서버가 될 수도 있고, 클라이언트가 될 수도 있으며, 또는 블루투스에서 보듯이 서버이자 동시에 클라이언트의 역할을 할 수도 있게 된다. 그런데 홈네트워킹이 구현되어 모든 가전이 네트워크상에 존재하는 경우, 다른 기기들을 제어하는 핵심 허브 역할을 하는 기기가 필요한데, 이 기기가 소니가 주장하는 PS2가 될지, 마이크로소프트의 홈서버가 될지, TV가 될지는 아직 경합 중이다. 그러나 확실한 것은 허브 역할을 하는 기기는 일정 수준 이상의 높은 지능을 필요로 한다는 점이다. 또한 비단 허브 역할을 하는 기기뿐만 아니라 인간과 기계 간의 상호작용을 최소화하는 동시에 기계와 기계 간의 상호작용을 증대시키는 많은 기기들이 최선을 성능을 내기 위해 지능화의 길로 들어서고 있다. 자동 감지 센서와 지능을 갖춘 로봇형 청소기의 등장은 이러한 제품의 변화를 단적으로 보여 주는 예이다. 또 다른 예로 언제 어디서나 접속되는 기기가 되기 위해서 하나의 단말기나 기기가 복수의 네트워크를 수용하는 것을 들 수 있는데, 경제성과 상시연결성을 확보하기 위해 CDMA와 와이-파이(Wi-Fi)를 동시에 지원하는 휴대폰이 등장한 것이 바로 그 시초라고 할 수 있다. 그리고 목적과 연결 제품의 특성에 따라 블루투스, PLC, 휴대 인터넷 등이 하나의 기기 안에서 실현되기도 한다.

이렇듯 유비쿼터스는 마케팅의 객체인 상품은 물론 주체인 기업과 고객, 그리고 환경에까지 다양한 영향을 미치고 있다. 이 중에서도 특히 상시접속성은 고객의 커뮤니티 파워를 증대시키고 있는데, 언제 어디서나 커뮤니티 참여가 가능해짐에 따라 소비자나 비영리단체 등의 파워가 더욱 증대될 것이며 이는 결국 소비자의 권력을 강화시킬 것이다. 따라서 기업은 소비자를 개개인으로 파악했던 과거와 달리 기업과 커뮤니티 소비자의 관계에 대해 더욱 관심을 기울여야 할 것이다.

기업의 마케팅에도 이런 특성들이 반영된 새로운 스타일의 마케팅들이 차례로 도래하고 있는데, 그중 하나가 '콘텍스트 마케팅(context marketing)'이다. 유비쿼터스가 도래하면서 기업의 상품을 네트워크 내에서 추적하는 것이 가능해짐에 따라 유통비용 절감과 서비스의 개선이 가능해졌다. 또한 기업의 이러한 감지 능력의 향상은 고객 개개인의 위치 추적과 주변 상황의 파악, 향상된 소비자 특성 파악 등을 통해 기업에게 새로운 비즈니스 시회를 제공해주고 있다. 예를 들어 통신사업자가 자신의 고객이 과거 남자친구의 생일에 향수를 구매했던 기록을 알고 있는 경우, 그 고객이 남자친구의 생일에 즈음해서 명동의 중심가를 거닐고 있다는 위치 정보를 고객 이동통신 단말기를 통해 확인한 다음 자신과 제휴를 맺고 있는 화장품 체인점 중 그 고객의 위치로부터 가장 가까운 매장의 최신 남성용 향수 광고를 고객의 단말기로 보낼 수 있다. 또 다른 형태로는 고객참여형 마케팅의 확산을 들 수 있다. 고객참여는 제품선호도에 대한 투표나 시장조사 등 전통적인 기법을 네트워크의 단말기를 통해 실시간으로 제공하는 방식으로 확장할 가능성이 가장 크다. 하지만 상품의 사용 정보나 제품의 상태 등을 똑똑한 기계가 실시간으로 전송하는 M2M(machine-to-machine) 커뮤니케이션의 도입으로 고객참여의 가치는 더욱 높아지고 있다. 또한 기업은 이렇게 수집된 정보를 통해 소비자가 원하는 완벽한 제품에 한발 더 다가설 수 있을 것이다.

이렇듯 유비쿼터스는 고객과 기업 모두를 바꿔놓으면서 산업 전반에 걸친 판의 변화를 불러오고 있다. 따라서 이제는 누가 상호 연결성이 뛰어난 플랫폼을 가지고 있는지, 누가 먼저 변모하는 소비자의 라이프스타일에 최적화할 수 있는지가 경쟁의 양상을 결정할 것이며 새로운 환경 속에서 제품과 서비스 혁신을 주도하는 '유비쿼터스 컴퍼니'가 시장의 승자로 떠오를 것이다.

제 VI 장

요약 및 결론

1 요약

본 연구는 한국 전자산업 시장의 역사와 성장 과정 및 시장의 변화 과정을 다양한 문헌자료와 관련 전문 인사들과의 포럼을 통해 심도있게 검토·확인해 보고자 한 것이다.

첫 번째로 한국의 전자산업 시장 중 가전 시장의 제품을 크게 IT 제품, 백색가전, AV 제품 등 세 가지로 분류한 후 각 제품군에서 휴대폰, PC, 냉장고, 세탁기, 에어컨, TV 등의 대표적인 제품을 선정하여 이들 제품산업의 역사와 시장의 변화, 그리고 제품의 특징적인 모습 등을 살펴보았다.

전통적인 가전제품으로 여겨지는 냉장고와 같이 1960년대에 우리나라에 뿌리를 내려 99%가 넘는 보급률을 나타내는 가전제품도 존재하는 반면에 1980년대 중반이 되어서야 국내에 보급되기 시작하여 1996년 이후 급속한 성장을 보이고 있는 휴대폰과 같은 제품도 확인할 수 있었다. 이를 통해 제품 간의 간접적인 시장 상황 변화 및 제품의 역사를 비교해 볼 수 있었다.

두 번째로 제품의 변화에 따른 가전제품의 유통의 모습을 살펴보았는데 이를 통해 향후 가전제품의 방향이 어떠한지를 예측할 수 있었다.

또한 시장의 변화뿐만 아니라 유통에 있어서도 가전제품의 경우 기존의 대리점 직접 판매 체제에서 할인점 및 양판점을 바탕으로 하는 새로운 채널이 생겨나게 되었으며 이로 인해 제조업체와 유통업체 간의 갈등이 첨예화되고 있는 모습도 확인할 수 있었다. 지금까지 계속되는 가전 유통업계에서의 다툼은 시간이 좀 더 흐른 뒤에 그 결과를 확인할 수 있을 것으로 보인다. 더불어 제조업체와 서비스업체 간의 갈등을 살펴봄으로써 각 채널, 기업들 간의 힘의 이동(power shift)에 대해 생각해 보는 기회가 되었다.

세 번째로는 소비자의 변화 형태에 대해서 살펴보았다. 이 중에서도 새롭게 대두되고 있는 시장인 실버 마켓, 유스 마켓, 주부 마켓을 살펴보았는데, 이를 통해 각 시장의 특징 및 시장의 대응 방향에 대해 알아 보고 미래 전략을 계획하는 기회가 되었다.

마지막으로는 한국 가전산업의 전체적인 흐름을 되짚어 보고 나아갈 바를 제시하고자 했다. 향후 변화하는 시장은 어떠한 것이며 이 시장은 어떠한 형태로 진행될 것인지, 그리고 미래를 향한 전략은 무엇인지에 대해 탐구해 보았다. 특히 판의 변화를 바탕으로 앞으로는 지금까지의 단순한 제품 생산과 판매에서 벗어나 고객의 참여가 중요시되는 한편 WOW 제품과 같은 환상품질을 보유하고 있는 제품을 만들어야 할 필요성이 제기되고 있는 것을 확인할 수 있었다.

2 결론

본 연구에서는 2000년대를 맞아 한국의 전자산업을 이끌어나가고 있는 중추 가운데 하나인 가전산업을 중심으로 하여 한국 기업과 제품의 변화, 그리고 소비자의 변화를 확인해 보고자 했다.

모든 제품에는 수명 주기가 있기 마련이다. 가전산업의 경우 현재는 대부분의 제품이 성숙기에 도달해 있으며 가전산업 자체도 이러한 성숙기의 모습을 이어나갈 것으로 보인다. 하지만 제품군 내에 있는 하나하나의 제품은 용량, 기능의 변화를 꾀하고 있을 뿐만 아니라 소비자의 요구에 부응하기 위해 한발 더 나아간 차세대 제품을 만들어 나가기 위한 노력을 지속하고 있다.

지금까지 우리나라의 가전산업은 외국 제품들과의 경쟁에서 굳건한 위치를 지켜 나가고 있다. 휴대폰의 경우 모토로라라는 세계적인 기업을 이겨내고 이제는 국내 시장뿐만 아니라 해외 시장에서도 그 위세가 나날이 높아지고 있으며, 양문형 냉장고나 드럼세탁기의 경우도 외국의 GE, 월풀과 같은 세계적인 기업들을 물리치고 국내 시장을 굳건히 지키고 있다. 또한 TV에 있어서도 과거 소니의 대형 프로젝션 TV가 부의 상징이었다면 이제는 파브, 엑스캔버스와 같은 국내 제품이 부의 상징으로 받아들여지고 있으며 오히려 소니가 국내 기업으로부터 많은 것을 배워야 할 현상을 보여 주고 있다. 이러한 성공은 단순히 차세대 제품의 개발에 전력을 기울였기 때문만이 아니라 변화하는 소비자의 욕구를 항상 잊지 않고 소비자와의 상호 관계를 중요시 여겼기 때문이라고 여겨진다.

본 연구를 통해 지난 수십년간의 한국 가전제품의 변천 과정을 다시 한번 성찰해 보고, 이를 다가올 미래 전략의 발판으로 삼아 앞으로 기업과 고객 그리고 학계가 상호 협력하는 동반자적 관계를 이루어 세계의 중심으로 나아가야 할 것이다.

참고문헌

1. 주요 참고문헌

임종원. 2004.「Wow 제품을 개발하는 기업에게 불황은 없다」. *Seoul Business Letters*, 제58호.

林鍾沅. 1987.『現代마아케팅管理論』. 서울: 貿易經營社.

2. 기타 참고문헌

권성용 외. 2003.「대량맞춤(Mass Customization)의 대두와 기업의 대응」. 삼성경제연구소.

김성환. 2003.「백색가전 매출, 시즌 효과 줄었다」.『LG주간경제』717: 36-40.

김성환. 2004.「전자 기업, 새로운 라이프 스타일에 주목하라」.『LG주간경제』762: 36-40.

김정우. 2004.「홈네트워크 산업의 최근 동향 및 이슈」.『SERI 경제 포커스』16: 1-11.

김정우 외. 2003.「디지털 변혁기와 국내기업의 약진」. *CEO Information* 410: 1-24.

김진우. 2001.「인터넷 정보가전 산업을 위한 주요 성공요인 조사」. 정보통신연구진흥원.

김칠두. 2002.「최근 수출동향 전망 및 진흥대책」. SERI 심포지엄/세미나.

나준호. 2004.「2004년 글로벌 전자 산업 7대 뉴스」.『LG주간경제』812: 26-31.

박병칠. 2000.「디지털 경제 원리: 디지털 경제하 기업 이윤 창출 요소」. 현대 경제연구원.

배수한. 2003a.「국제가전전시회에 나타난 전자산업 트렌드」.『LG주간경제』713: 26-30.

배수한. 2003b.「디지털 홈 시대 AV 가전이 열어간다」.『LG주간경제』732: 36-40.

이경원. 2003. 『홈네트워킹 시장 분석 및 발전 전망』. KISDI IT산업시장환경 연구시리즈. 정보통신정책연구원.

이광훈. 2003. 『IT상품과 서비스의 소비실태 및 이용행태 분석』. KISDI IT산업시장환경 연구시리즈. 정보통신정책연구원.

이민훈 외. 2003. 「기술과 감성의 융합 시대: 상품 트렌드와 선도기업들의 대응」. *CEO Information* 417: 1-23.

이승일. 2003. 「일본 전자 업체를 통해 본 디지털 경쟁력의 본질」. 『LG주간경제』 737: 23-28.

황인성. 2003. 「최근 경기동향과 당면과제」, *CEO Information* 388: 1-24.

홍동표. 1999. 「디지털경제에서의 기업전략: 정보가전(Information Appliance)을 중심으로」. 『정보통신정책 ISSUE』 113: 1-60.

홍동표 외. 2003. 「국내 IT산업의 성장요인 및 생산성 분석」. KISDI 이슈 리포트. 정보통신정책연구원.

국민일보. 1993. 1. 1~2007. 10. 31.

동아일보. 1993. 1. 1~2007. 10. 31.

전자신문. 1999. 1. 1~2007. 10. 31.

조선일보. 1993. 1. 1~2007. 10. 31.

중앙일보. 1993. 1. 1~2007. 10. 31.

한겨레신문. 1993. 1. 1~2007. 10. 31.

찾아보기

ㅇ

ㅈ

Abstract

Development of Marketing in Korean Electronics Industry

Jong-Won Lim · Han-Suk Lee · Sang-Yeon Song

The purpose of this study is to analyze changes in Korean firms, electronic products, and consumers of home appliances, which are the driving force of the electronics industry of Korea. Even though the home appliance industry is thought to be in a mature stage, much effort is made to meet customer desires in the capacity and functions of next generation products. The Korean home appliance industry has done a great job in maintaining a solid position in the world market under the pressure of competition from foreign companies. This is because Korean firms have not only concentrated on developing next generation home appliances but has also made great efforts to meet the changing demands of customers and maintain close relationships with customers. Companies can develop such relationships through encouraging customer participation in the development process.

This study looks at the transitions in the Korean home appliance industry over the past few decades and provides the foundation for new strategies in the future.

:: 발간사

서울대학교 경영연구소의 '한국기업경영사 연구사업'은 한국기업경영에 대한 역사적 연구를 통해 우리나라 기업경영의 역사와 변천과정, 그리고 이의 성과를 평가하고 미래발전에 대한 시사점을 제시하는 것을 기본 목적으로 시행되었으며, 그 연구의 결과로 본 총서 시리즈를 발간하게 되었습니다.

한국기업의 성장 발전은 과거 30~40년 사이에 매우 빠르게 이루어져 한국경제 성장을 견인해 왔으나, 한국기업의 발전과정에 대한 체계적인 연구는 이루어지지 않은 것이 오늘의 현실입니다. 역사를 모르고선 우리나라 기업경영의 미래와 발전을 바랄 수 없습니다. 본 총서는 우리 기업의 발전과정에 대한 체계적인 연구를 통해 선진외국으로부터 1950년대 후반부터 도입된 경영학과 경영기법들이 한국적 토양에 어떻게 정착되었는지를 고찰하고, 향후 지속적인 발전을 위한 학문적 연구방법 및 한국기업경영의 방향을 모색하였습니다.

본 연구를 토대로 서울대학교 경영연구소는 명실상부 한국기업경영사연구의 중추적 역할을 수행하며, 대학과 연구소의 국제적 경쟁력과 위상을 높일 수 있을 것으로 사료됩니다.

본 연구는 2004년 3월부터 42명의 서울대학교 경영대학 교수와 외부기관의 박사급 이상의 연구원이 공동으로 연구를 했고, 주제는 산업별 역사, 기업경영사, 기업정책의 변천사 등을 총망라하였습니다.

본 연구총서가 학문적으로 국내외에서 유용한 연구자료로 활용됨은 물론이고, 우리 기업의 성장과정을 직접 체험한 기성세대에게 있어서 기업의 성장 발전과정에 관한 지식을 체계적으로 전달하고, 차세대 젊은이들에게도 유용한 정보를 제공하여 미래 한국기업경영의 방향을 모색하는 데 유익한 자료가 되길 바랍니다.

끝으로 밤을 밝히며 연구에 매진하여 훌륭한 연구실적을 내기까지 노력과 수고를 아끼지 않은 저자 여러분과, 본 연구를 위해 기꺼이 연구비를 출연하여 주신 SK그룹, 현대자동차그룹, 삼양사에도 심심한 감사를 드립니다.

2005년 7월
서울대학교 경영대학 학장
서울대학교 경영연구소 소장

:: 저자 약력

임종원

서울대학교 경영대학 졸업

서울대학교 경영학 석사

미국 Alabama 대학 통계학 석사

미국 Alabama 대학 경영학 박사

(현) 서울대학교 경영대학 교수

저서: 한국소매업의 현황과 과제(대한상공회의소, 1983)
한국의 유통산업(대한상공회의소, 1985)
철강산업의 경쟁과 협력(서울대학교출판부, 1991)
소비자행동론(공저, 경문사, 1994)
마케팅조사방법론(법문사, 2001)
마케팅조사론(법문사, 2002) 외 다수

이한석

서울대학교 사범대학 졸업

서울대학교 경영학 석사(마케팅 전공)

(현) 서울대학교 경영대학 마케팅 박사과정

송상연

서울대학교 사범대학 졸업

서울대학교 경영학 석사(마케팅 전공)

(현) 서울대학교 경영대학 마케팅 박사과정

서울대학교 경영연구소
기업경영사 연구총서 20
한국 전자산업의 마케팅 발전 과정

저자 임종원 · 이한석 · 송상연

2008년 9월 25일 초판 제1쇄 인쇄
2008년 9월 30일 초판 제1쇄 발행

발행인 이장무
발행처 서울대학교출판부
151-742 서울 관악구 관악로 599
마케팅과 02-889-4424, 02-880-7995
Fax 02-888-4148
E-mail snubook@snu.ac.kr
Home-page http://www.snupress.com

출판등록 제15-3호

ISBN 978-89-521-0833-3 93320

값 8,000 원

서울대학교 경영연구소 기업경영사 연구총서

01 **한국기업 배당정책의 변화** | 최도성 · 김성민

02 **한국기업의 서비스 품질 평가제도 변천과정** | 이유재 · 라선아

03 **한국 브랜드의 진화 및 발전** | 김재일

04 **한국 백화점 역사** | 김병도 · 주영혁

05 **한국 인터넷 기업의 변천사: 네트워크 경제의 실험과 형성** | 안중호 · 양희동 · 오상조 · 김은진

06 **우리나라의 기업공시제도: 공정한 거래와 투명한 정보제공** | 윤계섭 · 허희영

07 **한국 PC산업의 발전과정** | 김상훈 · 오정석

08 **한국기업 해외직접투자 전략의 변천** | 이동기 · 박남규 · 조영곤 · 김동희

09 **한국기업의 ERP 도입과 운영의 변천사** | 안상형 · 이창희 · 최강화

10 **한국 팀제의 역사, 현황과 발전방향** | 박원우

11 **기업세무전략에 대한 실증** | 정운오 · 박종일 · 박찬웅

12 **한국기업의 특허전략 변화** | 송재용 · 신현한

13 **한국기업 성과급제도의 변천** | 김성수 · 박찬희 · 김태호

14 **한국 온라인게임산업의 발전과정과 향후 과제** | 노상규 · 위정현

15 **한국 이동통신 서비스 및 단말기 산업의 변천과 발전방향** | 박철순 · 김성훈

16 **우리나라의 회계감리제도** | 이창우 · 유재규 · 고종권

17 **개성상인의 현대경영학적 재조명** | 주우진

18 **한국 기업의 임금관리** | 최종태 · 박준성 · 이준우

19 **한국 장수기업의 성공사례: 삼양사 기업경영사 연구** | 신유근

20 **한국 전자산업의 마케팅 발전 과정** | 임종원 · 이한석 · 송상연